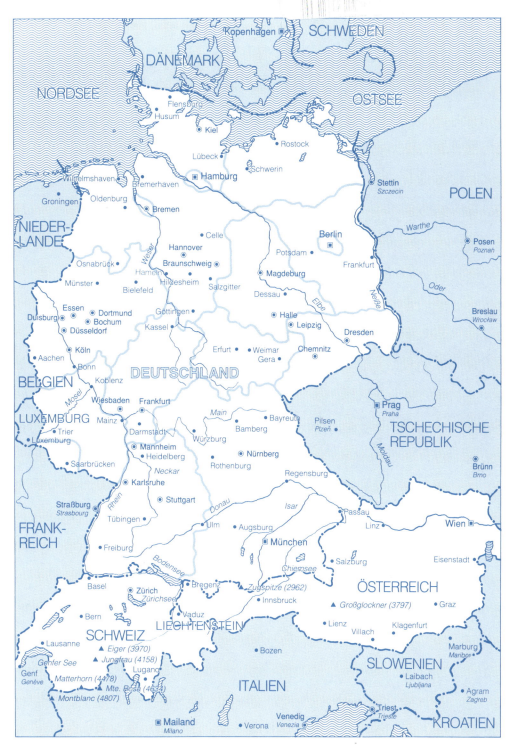

Wittenberg

Schlosskirche（城教会と、扉に刻まれたルターの「９５か条のテーゼ」。）

Marktplatz（左の建物が Rathaus、正面の塔は Stadtkirche。広場の像は右がルター、左がメランヒトン。）

Bäckerei

Schild

Zeitungen

Fahrkartenautomat

Nussknacker

Weihnachtsmarkt

Maultaschensuppe

Wurst

Schweinshaxe

Spargel

Schnitzel

Himbeertorte

Deutsch Lernen in Wittenberg

Ein Tor nach Deutschland

Grammatik

TAKASHI SHIBATA
ITARU TERAO
HIROKO NISHIGUCHI

DOGAKUSHA

---- 音声ダウンロード ----
CD-○がついている箇所は、ネイティブスピーカーによる録音があります。
同学社のホームページよりダウンロードできます。

http://www.dogakusha.co.jp/08856_onsei.html

---- 別売 CD のご案内 ----
本書にはネイティブによる音声 CD があります。
定価 本体 1,500 円（税別）

まえがき

　広大なドイツ語の森へようこそ。
朝の木漏れ日のそぞろ歩きや、昼なお暗い谷の遡行、遙か遠くの夕陽を仰ぐ頂など、外国語は一歩一歩進むたびに景色が様々に変わり、奥へ奥へと入るおもしろさがあります。

　この教科書は、気心のしれた同僚三人が相談を重ねながら、できるだけオザナリでない説明と練習を工夫して、みなさんを初級ドイツ語の奥まで導こうと試みたものです。

　ヴィッテンベルクはマルティン・ルターが宗教改革で活躍して、ユネスコの世界遺産にもなっている美しい宗教都市です。毎夏、学生が短期語学研修で訪れる場所で、その短期留学のお供になるような文法教科書をめざしました。重要な文法表現にはドイツ語表記を付けてあります。

　11課まで進めばドイツ語技能検定試験（独検）の４級が受けられます。最後までたどりつけば３級のための基礎知識が身につくはずです。毎週一回の授業で、一年時の前期に５課まで、後期に11課まで、二年時の前期に最後まで進むようなペースを念頭に置いています。例文や練習問題も、なるべく実践的に使えるような表現を心がけました。

　ドイツ語の森を進むためには……
　・とにかく声を出しましょう。口で覚える身体訓練が不可欠です。語学はスポーツなのです。
　・最初はとまどいますが、ドイツ語の発音に慣れてきたら、辞書を積極的に使いましょう。

　外国語の学習は、みなさんと教員とが、そして教科書と辞書とが「出会う」場です。未知との遭遇は苦労もありますが、みなさんの中に隠れている力を発見する良い機会となります。

　新たな自分の可能性を探して、ドイツ語の森の中に一緒に楽しく入っていきましょう。

著者一同

もくじ

Das Alphabet ·· 6

Aussprache ··· 7

Lektion 1 動詞の現在人称変化 ·· 10
　　　　　1 主語となる人称代名詞　**2** 動詞の現在人称変化（規則動詞）
　　　　　3 sein と haben（最重要の不規則動詞）　**4** 文の作り方

Lektion 2 定冠詞，不定冠詞 ··· 13
　　　　　1 名詞の性　**2** 定冠詞と格　**3** 不定冠詞

Lektion 3 複数形，不規則動詞 ··· 16
　　　　　1 複数形　**2** 不規則動詞の現在人称変化　**3** その他の重要な不規則動詞

Lektion 4 定冠詞類，不定冠詞類，否定文 ··· 20
　　　　　1 定冠詞類　**2** 不定冠詞類　**3** 否定文，nicht と否定冠詞 kein

Lektion 5 命令形，人称代名詞 ··· 24
　　　　　1 命令形　**2** 人称代名詞　**3** 疑問代名詞の格変化

Lektion 6 前置詞 ·· 28
　　　　　1 前置詞の格支配　**2** 2格支配の前置詞　**3** 3格支配の前置詞
　　　　　4 4格支配の前置詞　**5** 3・4格支配の前置詞　**6** 前置詞と定冠詞の融合

Lektion 7 話法の助動詞，未来形 ·· 32
　　　　　1 話法の助動詞　**2** 未来形

Lektion 8 分離動詞，非分離動詞 ·· 35
　　　　　1 分離動詞　**2** 非分離動詞

Lektion 9 形容詞 ·· 38
　　　　　1 形容詞の述語的用法と副詞的用法　**2** 形容詞の付加語的用法・語尾変化
　　　　　3 序数詞

Lektion 10 再帰代名詞，再帰動詞……………………………………………………………………… 43
    1 再帰代名詞　**2** 再帰動詞

Lektion 11 接続詞，es の用法，zu 不定詞句…………………………………………………… 46
    1 接続詞　**2** 非人称の es　**3** zu 不定詞句

Lektion 12 比較級，最上級…………………………………………………………………………… 50
    1 比較級・最上級の語尾　**2** 付加語的用法　**3** 述語的用法　**4** 副詞の比較

Lektion 13 三基本形，過去形………………………………………………………………………… 54
    1 動詞の三基本形　**2** 分離動詞その他の動詞の特別な規則　**3** 過去形

Lektion 14 現在完了形，過去完了形………………………………………………………………… 58
    1 現在完了形　**2** 過去完了形

Lektion 15 受動文，分詞……………………………………………………………………………… 62
    1 受動文　**2** 受動文の過去形と完了形　**3** 状態受動　**4** 分詞

Lektion 16 関係代名詞………………………………………………………………………………… 66
    1 関係代名詞　**2** 関係副詞

Lektion 17 接続法 1 式………………………………………………………………………………… 70
    1 話法　**2** 接続法 1 式

Lektion 18 接続法 2 式………………………………………………………………………………… 73
    1 接続法 2 式

Rathaus (Wittenberg)

Das Alphabet

活字体	字　名	活字体	字　名
A a	[aː]	R r	[ɛr]
B b	[beː]	S s	[ɛs]
C c	[tseː]	T t	[teː]
D d	[deː]	U u	[uː]
E e	[eː]	V v	[faʊ]
F f	[ɛf]	W w	[veː]
G g	[geː]	X x	[ɪks]
H h	[haː]	Y y	[ˈʏpsilɔn]
I i	[iː]	Z z	[tsɛt]
J j	[jɔt]		
K k	[kaː]		
L l	[ɛl]		
M m	[ɛm]	ß	[ɛsˈtsɛt]
N n	[ɛn]		
O o	[oː]	Ä ä	[ɛː]　[aːˈʊmlaʊt]
P p	[peː]	Ö ö	[øː]　[oːˈʊmlaʊt]
Q q	[kuː]	Ü ü	[yː]　[uːˈʊmlaʊt]

Aussprache

0 発音の大原則（例外もあります）

1：綴り＝発音（ローマ字読み）

2：アクセントは最初の母音

3：アクセントのある母音は一個の子音字の前では長く，二個以上の子音字の前では短い．
　　母音の後にhがあると長く読み，hの音は出しません．

N**a**me	名前	g**u**t	良い	D**o**m	大聖堂　←長い母音
T**a**nte	おば	d**u**nkel	暗い	k**o**mmen	来る　←短い母音
K**uh**	雌牛	Br**ah**ms	ブラームス（人名）	g**eh**en	行く　←長い母音

I 母音 Vokale

1 ローマ字読みの母音　←唇の形を意識しましょう．

a	[aː]	D**a**me	レディ	M**a**nn	男・夫	k**a**lt	冷たい・寒い
e	[eː][ɛ][ə]	g**e**ben	与える	**E**nde	終わり	Kl**a**sse	クラス
i	[iː, ɪ]	K**i**no	映画館	T**i**nte	インク	H**i**lfe	助け
o	[oː, ɔ]	T**o**n	音	P**o**st	郵便局	M**o**rgen	朝
u	[uː, ʊ]	H**u**t	帽子	L**u**ft	空気	K**u**nst	芸術
aa/ee/oo	[aː/eː/oː]	H**aa**r	髪	T**ee**	お茶	B**oo**t	ボート

2 変母音 Umlaute

ä/ae	[ɛː]	Z**ä**hne	歯【複数】	M**ä**rz	三月	H**ä**ndel	ヘンデル（人名）
ö/oe	[øː, œ]	h**ö**ren	聞く	L**ö**ffel	スプーン	k**ö**nnen	できる
ü/ue	[yː, ʏ]	**ü**ben	練習する	m**ü**de	疲れた	H**ü**tte	小屋

Aussprache

3 ローマ字読みと異なる母音 *CD-5*

ei	[aɪ]	**Pr**ei**s**	値段	**kl**ei**n**	小さい	**Fr**ei**heit**	自由
ie	[iː]	**L**ie**be**	愛	**fl**ie**gen**	飛ぶ	**t**ie**f**	深い
eu	[ɔy]	**Eu**ro	ユーロ	**Fr**eu**de**	喜び	**h**eu**te**	今日
au	[aʊ]	**B**au**m**	木	**H**au**s**	家	**Tr**au**m**	夢
äu	[ɔy]	**B**äu**me**	木々【複数】	**H**äu**ser**	家【複数】	**Tr**äu**merei**	夢見ごこち

II 子音 Konsonanten *CD-6*

b d g : （語末, 音節末で[p][t][k]）	lie**b**	愛らしい	hal**b**	半分	Her**b**st	秋
	Gel**d**	お金	Kin**d**	子ども	Hun**d**	犬
	Ta**g**	日	Ber**g**	山	Krie**g**	戦争
ch 1) a o u au の後：	Na**ch**t	夜	Bu**ch**	本	au**ch**	～もまた
2) その他：	i**ch**	私は	Mil**ch**	牛乳	re**ch**nen	計算する
chs ：	La**chs**	鮭	Fu**chs**	狐	O**chs**e	雄牛
ds, ts, tz ：	aben**ds**	晩に	nach**ts**	夜に	Ka**tz**e	猫
dt, th ：	Bran**dt**	ブラント （人名）	**Th**omas	トーマス （人名）	**Th**ema	テーマ
-ig ：	Köni**g**	王	billi**g**	安い	Leipzi**g**	ライプツィヒ （都市名）
j ：	**j**a	はい	**J**apan	日本	**j**etzt	今
pf ：	A**pf**el	りんご	Ko**pf**	頭	**Pf**erde	馬【複数】
qu ：	**Qu**elle	泉	**Qu**ittung	領収書	**Qu**alität	質
-r, -er（語末, 音節末）：	Mutte**r**	母親	e**r**	彼は	Uh**r**	時計

s:	1) 母音の前で濁る		**S**onne	太陽	**S**ommer	夏	**s**ingen	歌う
	2) その他 (語末, 音節末など)	**Bus**	バス	**Glas**	ガラス	**Durs**t	渇き
ss, ß :		**Ta**ss**e**	カップ	e**ss**en	食べる	Fu**ß**ball	サッカー
ss は短母音の後，ß は長母音の後で使われる							
sch :		**Sch**ule	学校	**sch**on	すでに	Fi**sch**	魚
sp :		**Sp**iel	遊び	**Sp**ort	スポーツ	**sp**rechen	話す
st :		**St**udent	大学生	**St**ein	石	**St**uhl	椅子
tsch :		Deu**tsch**	ドイツ語	Deu**tsch**land	ドイツ (国)	**tsch**üs	バイバイ
v :		**V**olk	民衆	**V**ater	父親	**v**iel	多い
w :		**W**agen	車	**w**eiß	白い	**W**ein	ワイン
z :		**Z**eit	時	**Z**immer	部屋	tan**z**en	踊る

 基数詞

0	null	10	zehn	20	zwanzig	100	hundert
1	eins	11	elf	21	einundzwanzig	1000	tausend
2	zwei	12	zwölf	22	zweiundzwanzig		
3	drei	13	dreizehn	30	dreißig		
4	vier	14	vierzehn	40	vierzig		
5	fünf	15	fünfzehn	50	fünfzig		
6	sechs	16	sechzehn	60	sechzig		
7	sieben	17	siebzehn	70	siebzig		
8	acht	18	achtzehn	80	achtzig		
9	neun	19	neunzehn	90	neunzig		

21 以上の数詞は
一の位＋ und ＋十の位で
「一語」に書きます．

→ 100 以上は 19 ページ

こらむ

★母音＋r：語末の -er, -r は [ə, ɐ]「(あいまいな) ぁー」．

ドイツ語で**母音と後ろの r を合わせて**「あー」と発音するのは，-er が語末の場合です．

1. 語末の -er は「ぁー」ですが，次のような場合は r だけ母音化．
   人称代名詞の er「えぁ」, wir「ヴぃぁ」, 定冠詞の der「でぁ」, 前つづりの ver-「フェぁ」.

2. e 以外の母音が r の前に来た場合は，長母音なら r だけ母音化して「ぁ」：Ohr, hört, Uhr, Tür, Bier
   短母音なら「ぅ」：Karte, Park, Ort, wurde
   ただし a の長音の場合は，わかりやすさのため「ぅ」としてもよい．：Art, Bart, Haar

Lektion 1　動詞の現在人称変化

CD-8

Ich lerne heute Deutsch.　　　　　　　　私は今日ドイツ語を学びます．
Sind Sie Student? — Ja, ich bin Student.　あなたは大学生ですか．はい，私は大学生です．

 1　主語となる人称代名詞 (Personalpronomen)

	単数		複数	
1人称	ich	私は	wir	私たちは
2人称	du	君は（親称）	ihr	君たちは（親称）
	Sie	あなたは（敬称）	Sie	あなたたちは（敬称）
3人称	er	彼は	sie	彼らは
	sie	彼女は		彼女たちは
	es	それは		それらは

親称の2人称 du / ihr は，親しい人（家族，友人，学生同士など）に対して使います．
敬称の2人称 Sie（単複同形）は，上記以外の人に使い，文頭以外でも常に S を大文字で書きます．

 2　動詞 (Verben) の現在人称変化（規則動詞）

主語の定まっていない形は「不定詞」あるいは「不定形」と言い，辞書では，この不定形の形で調べます．

　　　　　不定形　＝語幹　＋　語尾　　　　　不定形　＝語幹　＋　語尾
学ぶ　　　lernen　＝ lern　＋　en　　　飲む　trinken　＝ trink　＋　en

動詞の「語幹」に，主語の人称に応じた「語尾」を付けます．これを「人称変化」と言います．
主語に合わせて変化した動詞を「定動詞」または「定形」と言います．

		単数		複数	
1人称		私は	ich trink**e**	私たちは	wir trink**en**
2人称	親称	君は	du trink**st**	君たちは	ihr trink**t**
	敬称	あなたは	Sie trink**en**＊	あなたたちは	Sie trink**en**＊
3人称		彼は	er trink**t**	彼らは	sie trink**en**＊
		彼女は	sie trink**t**	彼女らは	
		それは	es trink**t**	それらは	

＊2人称（敬称）の変化は，複数3人称（sie）と同じです．

練習1　カッコの中の動詞を適切な形に変化させ，日本語にしましょう．

1. Ich _____ Kaffee. (trinken)
2. Du _____ Deutsch. (lernen)
3. Er _____ Englisch. (lernen)
4. Wir _____ Tennis. (spielen)
5. Ihr _____ Fußball. (spielen) サッカー
6. Sie _____ Tee. (trinken) 答えは何通りも

3　sein と haben（最重要の不規則動詞）

		sein ～である	
1人称		ich **bin**	wir **sind**
2人称	親称	du **bist**	ihr **seid**
	敬称	Sie **sind**	
3人称		er/sie/es **ist**	sie **sind**

練習2　sein を正しい形に変化させ，日本語にしましょう．

1. Ich _____ Studentin.
2. Frank _____ groß. 大きい
3. Du _____ klein. 小さい
4. _____ Sie Lehrer? 教師

		haben ～を持っている	
1人称		ich habe	wir haben
2人称	親称	du **hast**	ihr habt
	敬称	Sie haben	
3人称		er/sie/es **hat**	sie haben

練習3　haben を正しい形に変化させ，日本語にしましょう．

1. Er _____ Geld. お金
2. Wir _____ Hunger. 空腹
3. _____ ihr Zeit? 時間
4. _____ du Durst? 喉の渇き

4　文の作り方

1) 通常の文（平叙文）では定動詞を必ず2番目に置きます．文末にはプンクト（Punkt）．主語が文頭とは限りません．「定動詞2番目の原則」と言います．

Ich [lerne] heute Deutsch.
今日
Heute [lerne] ich Deutsch.

Deutsch [lerne] ich heute.

2) Ja か Nein で答える疑問文では，定動詞を文頭に，文末に疑問符（Fragezeichen）を置きます．

定動詞＋主語・・・？　　Ja はい　　Nein いいえ　　否定文は Lektion 4

Sind Sie Student?　—— Ja, ich bin Student.　　Nein, ich bin Schüler. 生徒

Trinkst du Kaffee?　—— Ja, ich trinke Kaffee.　　Nein, ich trinke Tee.

3）疑問詞のある疑問文では，疑問詞を文頭に，2番目に定動詞を置きます．文末はやはり疑問符．

いつ	どこで	誰が	何が／何を	どのように	なぜ	どこから	どこへ
Wann ?	Wo ?	Wer ?	Was ?	Wie ?	Warum ?	Woher ?	Wohin ?

疑問詞 ＋ 定動詞 ＋ 主語 ･･･？

Wann kommt Herr Wolf? — Er kommt heute.
　　　　来る　　～氏
Wo wohnen Sie? — Ich wohne in Berlin.
　　　住む
Wer ist das? — Das ist Frau Wolf.
　　　　　　　　　　　　～夫人
Was trinken Sie? — Ich trinke Kaffee.

Wie heißt du? — Ich heiße Martin.
　～という名である
Woher kommst du? — Ich komme aus München.
　　　　　　　　　　　　　　　～から

練習 4　　ドイツ語にしましょう．

1. 私たちは今（jetzt），ドイツ語を学んでいます．
2. 誰が，今日来るのですか？ — シュミットさん（Herr Schmidt）が今日来ます．
3. あなたはどこで働いていますか？ — 私はベルリンで働いています．（arbeiten）
4. あなたは何というお名前ですか？ — 私は神田大助と言います．
5. 彼は法学（Jura）を専攻しているのですか？（studieren） — いいえ，彼は経済学（Wirtschaft）を専攻しています．
6. 君は大学生ですか？ — はい，私は社会学（Soziologie）を専攻しています．

ぷらす

★人称変化語尾で注意するもの

1）語幹が -d, -t, -chn, -ffn, -tm などで終わっている動詞は，du, er/sie/es, ihr のとき，発音しやすくするために，「口調上の e」を入れます．

arbeiten（働く）	
ich arbeite	wir arbeiten
du arbeit**est**	ihr arbeit**et**
er/sie/es arbeit**et**	sie arbeiten

他に finden, rechnen, öffnen など

2）語幹が -s, -ß, -z, -tz などで終わっている動詞は，du のとき語尾は t のみです．

heißen（～という名である）	
ich heiße	wir heißen
du heiß**t**	ihr heißt
er/sie/es heißt	sie heißen

他に tanzen, reisen, sitzen など

Lektion 2　定冠詞, 不定冠詞

> Kennen Sie **den** Mann?　　　　あなたはその男性を知っていますか？
> **Der** Mann kommt aus Wittenberg.　その男性はヴィッテンベルク（都市名）出身です。

 1　名詞の性

ドイツ語の名詞には「男性」,「女性」,「中性」の三つの性があります．性に合わせて冠詞を付けます．

		定冠詞	不定冠詞
単数	男性　m. =Maskulinum	der	ein
	女性　f. =Femininum	die	eine
	中性　n. =Neutrum	das	ein
複数*	pl. =Plural	die	—

*複数形は Lektion 3 で学習します．

辞書の表記例
2格 / 複数
Hund m. –(e)s/-e ① 犬
Hund 男 –(e)s/-e ① 犬
der Hund　Hund(e)s / Hunde ①

 2　定冠詞 (bestimmte Artikel) と格 (Kasus)

文の中での名詞の役割を「格」と呼びます．4つの格があり，主に冠詞の変化で示します．

定冠詞

			m.	f.	n.	pl.
Nominativ	1格	が	d**er**　Vater 父	d**ie**　Mutter 母	d**as**　Kind 子ども	d**ie**　Kinder 子どもたち
Genitiv	2格	の	d**es**　Vater**s***	d**er**　Mutter	d**es**　Kind(e)s*	d**er**　Kinder
Dativ	3格	に	d**em**　Vater	d**er**　Mutter	d**em**　Kind	d**en**　Kinder**n****
Akkusativ	4格	を	d**en**　Vater	d**ie**　Mutter	d**as**　Kind	d**ie**　Kinder

*男性名詞，中性名詞は単数2格で語尾 -(e)s が付きます．
**複数3格の名詞の語尾には -n が付きます．

1格「が・は」　**Der** Mann kommt aus Wittenberg.　その男性はヴィッテンベルク出身です．
2格「の」　　Der Vater **des** Man**nes** ist Arzt.　その男性の父親は医者です．
3格「に」　　Sie schenkt **dem** Mann das Bild.　彼女はその男性にこの絵を贈ります．
4格「を」　　Kennen Sie **den** Mann?　あなたはその男性を知っていますか？

練習1　上の四つの例文の「男性」der Mann を，それぞれ「女性（die Frau）」および「子ども（das Kind）」に変えてみましょう．

練習2　次の単語に定冠詞（1格〜4格）を付けて発音してみましょう．

m.		f.		n.	
Tisch	机	Tür	ドア	Buch	本
Computer	パソコン	Uhr	時計	Fahrrad	自転車

Wahlplakat

練習3　下線部に定冠詞を入れて，日本語にしましょう．

1. Wo ist das Buch? — _____ Buch ist hier.
2. Wer ist _____ Frau? — Sie ist _____ Mutter _____ Schülers.
3. Die Lehrerin sagt _____ Schüler: „Guten Tag!"
4. Der Vater kauft _____ Sohn _____ Computer.
5. Das Kind zeigt _____ Onkel _____ Fahrrad.

3 不定冠詞 (unbestimmte Artikel)

			m.		f.		n.	
Nominativ	1格	が	ein	Vater	ein**e**	Mutter	ein	Kind
Genitiv	2格	の	ein**es**	Vater**s**	ein**er**	Mutter	ein**es**	Kind**(e)s**
Dativ	3格	に	ein**em**	Vater	ein**er**	Mutter	ein**em**	Kind
Akkusativ	4格	を	ein**en**	Vater	ein**e**	Mutter	ein	Kind

練習4　「練習2」の単語に不定冠詞（1格〜4格）を付けて発音してみましょう．

練習5　下線部に不定冠詞と定冠詞を入れて，日本語にしましょう．

1. Das* ist e_____ Uhr.　　　　　D____ Uhr ist teuer.
2. Das ist e_____ Fahrrad.　　　　D____ Fahrrad ist neu.
3. Ich habe e_____ Tasche.　　　　D____ Tasche ist groß.
4. Hast du e_____ Computer? — Ja, aber d____ Computer ist kaputt.

*中性名詞に付く定冠詞の **das** ではありません．指示代名詞「あれ，それ，これ，あの人，その人，この人」です．性・数に関係なく事物でも人でも指すことができます．

Haus der Kulturen der Welt (Berlin)

練習6　ドイツ語にしましょう．

1. あなたはその先生（Lehrer m.）を知っていますか（kennen）？
2. 何を（was）Julia は買いますか？　彼女はパソコンを（一台）買います．
3. 君は自転車を（一台）持っていますか？
4. 私は兄弟（Bruder m.）がひとりいます（haben）．彼は姉妹（Schwester f.）がひとりいます．
5. 私たちには娘（Tochter f.）がひとりいます．彼女は大学生です．
6. 誰が（wer）先生にこの花（Blume f.）を贈るのですか？

Luther

ぷらす

★女性語尾 -in を付けて女性を示します．

der Japaner	日本人（男）	→	die Japanerin	日本人（女）
der Student	大学生（男）	→	die Studentin	大学生（女）
der Freund	友人（男）	→	die Freundin	友人（女）
der Lehrer	教師（男）	→	die Lehrerin	教師（女）

★単数2格・3格・4格および複数の語尾がすべて -en または -n となる男性名詞を「男性弱変化名詞」と言います．

Student 大学生　Mensch 人間　Junge 男の子　Pianist ピアニスト　Bär 熊

	単数形	複数形
1格	der Student	die Studenten
2格	des Studenten	der Studenten
3格	dem Studenten	den Studenten
4格	den Studenten	die Studenten

Lektion 3　複数形，不規則動詞

CD-12

> Erich kauft hier vier Flaschen Bier.　エーリヒはここでビールを4本買います。
> Er spricht sehr gut Englisch.　彼は英語をとても上手に話します。

1　複数形 (Plural)

名詞の複数形の語尾には5つのパターンがあります．幹母音が変音する場合もあり，¨で示します．

	辞書の表記	単数形 — 複数形	
1) 無語尾	——	der Lehrer — die Lehrer	教師
	¨	der Vater — die Väter	父
2) -e	——e	das Jahr — die Jahre	年
	¨e	die Hand — die Hände	手
3) -er	——er	das Kind — die Kinder	子ども
	¨er	der Mann — die Männer	男性，夫
4) -(e)n	——en	die Frau — die Frauen	女性，妻
	——n	die Flasche — die Flaschen	びん
5) -s	——s	das Auto — die Autos	自動車

H=Herren
D=Damen

辞書の表記例
単数2格/複数

Haus n. –es/ ¨er ① 家，建物
Haus 中 –es/ ¨er ① 家，建物
das Haus　Hauses / Häuser ① 家，建物

 練習 1　辞書で意味，性，複数形を調べてみましょう．

Apfel　Tag　Buch　Glas　Blume　Studentin　Hotel

複数形の定冠詞は単数形の性にかかわらず，全て die — der — den — die となります．

1格	die Väter	die Hände	die Kinder	die Frauen	die Autos
2格	der Väter	der Hände	der Kinder	der Frauen	der Autos
3格	den Vätern	den Händen	den Kindern	den Frauen*	den Autos*
4格	die Väter	die Hände	die Kinder	die Frauen	die Autos

複数3格にはさらに語尾 –n（複数3格語尾）が付きます．ただし複数1格形が -n, -s で終わっている場合には，このnは付けません．（*）

練習 2 下線部を複数形にして書き換え，日本語にしましょう． 動詞の変化に注意！

1. <u>Der Student</u> studiert Geschichte.
2. <u>Die Studentin</u> lernt hier Deutsch. →「その3人の女学生」に変えましょう
   2以上の数詞は，無変化で複数名詞の前に置くことができます．
3. <u>Das Buch</u> ist interessant.
4. Die Mutter schenkt <u>dem Kind</u> einen Hund.
5. Er dankt <u>dem Lehrer</u>. ← 複数形3格の語尾に注意！
6. Ich kaufe <u>einen Apfel</u>. →「4つのリンゴ」に変えましょう

2 不規則動詞 (unregelmäßige Verben) の現在人称変化

親称2人称 du，3人称単数 er, sie, es のときに，語幹の母音が変化します．
辞書には，schlafen* のように，動詞の右上に*印（アスタリスク）が付いています．
（教科書の巻末に，主な不規則動詞が載っています．）

語幹の母音の変化には，以下の三つのパターンがあります．

1) a → ä

Das Kind schläft schon. その子どもはすでに眠っている．

	schlafen* 眠っている
ich	schlafe
du	schläfst
er	schläft
wir	schlafen
ihr	schlaft
sie (Sie)*	schlafen

*敬称2人称は3人称複数と同形です．

練習 3 fahren* を人称変化させ，日本語にしましょう．

1. Ich _____ nach Wittenberg.
   〜へ（前置詞は→ Lektion6）
2. Frau Wolf _____ nach Halle.
3. Wir _____ heute nach Berlin.
4. Hans und Peter _____ nach Leipzig.
5. _____ ihr morgen nach Bremen?
   明日
6. Wohin _____ du morgen?

2) e → i

Helmut spricht Deutsch. ヘルムートはドイツ語を話す．

	sprechen* 話す
ich	spreche
du	sprichst
er	spricht
wir	sprechen
ihr	sprecht
sie (Sie)	sprechen

練習 4 essen* を人称変化させ，日本語にしましょう．

1. _____ Sie Wurst?
2. Ich _____ Suppe.
3. Du _____ Salat.
4. Ihr _____ Brot.
5. Wir _____ japanisch.
6. _____ er Sauerkraut?

3) e → ie

Klaus **sie**ht das Bild. クラウスはその絵を見る.

	sehen*見る
ich	sehe
du	s**ie**hst
er	s**ie**ht
wir	sehen
ihr	seht
sie (Sie)	sehen

練習 5 lesen*を人称変化させ，日本語にしましょう．

1. Wir _____ das Buch.
2. Peter _____ gern.
3. _____ ihr gern Mangas?
4. Was _____ du gern?
5. Ich _____ gern Krimis.
6. Julia und Klaus _____ Zeitungen.

練習 6 カッコの中の動詞を主語に合わせて人称変化させ，日本語にしましょう．

1. Herr Meyer _____ sehr schnell. (sprechen*)
2. Das Kind _____ gern Kuchen. (essen*)
3. Frau Wolf _____ dem Studenten ein Buch. (geben*)
4. Wie lange _____ du? — Ich _____ meistens acht Stunden. (schlafen*)

　　　　　　　　　　　　　　　　　　たいがい

3 その他の重要な不規則動詞

	werden 〜になる	nehmen 取る	wissen 知る
ich	werde	nehme	**weiß**
du	**wirst**	**nimmst**	**weißt**
er	**wird**	**nimmt**	**weiß**
wir	werden	nehmen	wissen
ihr	werdet	nehmt	wisst
sie (Sie)	werden	nehmen	wissen

練習 7 カッコ内の動詞を人称変化させ，日本語にしましょう．

1. Ich _____ Arzt.
   Er _____ Anwalt. (werden)
2. Was _____ Sie?
   Ich _____ die Suppe und
   er _____ den Salat. (nehmen)
3. _____ Sie das?
   Ja, das _____ ich schon.
   Und er _____ das auch. (wissen)

Buchladen

練習 8　ドイツ語にしましょう．

1. あなたは兄弟姉妹がいますか？（Geschwister pl. 無冠詞）
2. はい，私には兄弟が二人います．彼は姉妹が三人います．
3. どこに（wohin）彼は今日行くのですか？ — 彼はベルリンへ（nach Berlin）行きます．
　　→疑問詞は 12 ページ
4. いつシュナイダーさん（Frau Schneider）はベルリンへ行くのですか？
5. 君はそれをすでに知っていますか？
6. 彼女は日本語を（Japanisch）とても上手に話します．

練習 9　読んでみましょう．

Taro fährt morgen nach Halle. Er wohnt jetzt in Wittenberg. Dort lernt er Deutsch. Er besucht eine Freundin in Halle. Sie heißt Karin. Sie studiert Japanologie und spricht sehr gut Japanisch. Sie liest gern Mangas.

Universität（Halle）

ぷらす

★ 100 以上の基数詞 → 100 までは 9 ページ

100	(ein)hundert
101	hunderteins
125	hundertfünfundzwanzig
365	dreihundertfünfundsechzig
1000	(ein)tausend

年号は，2000 年代は上記の言い方を使い，2015 年なら **zweitausendfünfzehn**．
ただし 1100 年から 1999 年までは 100 年ごとに区切ります．
　1989 年：neunzehnhundertneunundachtzig

★年齢を言う表現

　Wie alt sind Sie? — Ich bin 18 (Jahre alt).
　Wie alt ist er?　 — Er ist 21 (Jahre alt).　Er ist 1997 geboren.
　　　　　　　　　　　　　　　　　　　　　　　　　　　　生まれた

Öffnungszeiten
Montag - Freitag　　0?.00 - 19.00
Samstag　　　　　　06.00 - 17.00
Sonn- u. Feiertag　　07.30 - 12.30

Lektion 4   定冠詞類，不定冠詞類，否定文

Fährt dieser Zug nach München?　　この列車はミュンヘンに行きますか？
Wo ist meine Tasche?　　私のカバンはどこですか？

1 定冠詞類

定冠詞（der など）とほぼ同じ格変化をします．dieser 型とも言います．

| dieser（この）　jener（あの）　jeder（どの〜も：単数のみ）　welcher（どの？：文頭に） |
| aller（全ての：単数もあり）等 |

語末の -er の部分が，下の表のように変化します．

	m.	f.	n.	pl.
1格	dies**er**　Vater	dies**e**　Mutter	dies**es**　Kind	dies**e**　Kinder
2格	dies**es**　Vater**s**	dies**er**　Mutter	dies**es**　Kind(e)**s**	dies**er**　Kinder
3格	dies**em**　Vater	dies**er**　Mutter	dies**em**　Kind	dies**en**　Kinder**n**
4格	dies**en**　Vater	dies**e**　Mutter	dies**es**　Kind	dies**e**　Kinder

練習 1　後ろの名詞の性・数・格に注意し，下線部に正しい語尾を入れましょう．

1. Dies___ Bier schmeckt gut.　　このビール（n.）はおいしい．
2. Welch___ Tee trinken Sie?　　どのお茶（m.）を飲みますか？
3. Ich trinke immer dies___ Kaffee.　　私はいつもこのコーヒー（m.）を飲む．
4. Ich schenke dies___ Kind ein Buch.　　私はこの子どもに一冊の本を贈る．
5. Wo ist die Mutter dies___ Kinder?　　この子どもたちの母親はどこですか？
6. Jed___ Student kennt den Professor.　　どの大学生もその教授を知っています．

2　不定冠詞類

不定冠詞（ein…）とほぼ同じ格変化をする不定冠詞類には所有冠詞と否定冠詞があります．mein 型とも言います．

1） 所有冠詞

		単数	複数
1人称		mein （私の）	unser （私たちの）
2人称	親称	dein （君の）	euer （君たちの）
	敬称	Ihr　あなた（たち）の	
3人称		sein （彼の）	ihr （彼らの，彼女らの，それらの）
		ihr （彼女の）	
		sein （それの）	

←敬称の2人称の所有冠詞は文頭以外でもIは大文字

2） 所有冠詞の格変化

	m.	f.	n.	pl.
1格	mein　　Vater	mein**e**　Mutter	mein　　Kind	mein**e**　Kinder
2格	mein**es**　Vater**s**	mein**er**　Mutter	mein**es**　Kind(e)s	mein**er**　Kinder
3格	mein**em**　Vater	mein**er**　Mutter	mein**em**　Kind	mein**en**　Kinder**n**
4格	mein**en**　Vater	mein**e**　Mutter	mein　　Kind	mein**e**　Kinder

練習 2　2人称 dein と Ihr を上の表と同様に格変化させてみましょう．

練習 3　下線部に正しい所有冠詞を入れましょう．　格に注意

1. Wo ist _____ Kaffee? — _____ Kaffee steht hier.
   私のコーヒーはどこですか？　あなたのコーヒーはここです．

2. Ich kenne _____ Vater.　　　　私は君のお父さんを知っています．

3. Wo ist der Anzug _____ Vaters?　君のお父さんのスーツはどこ？

4. _____ Katze heißt Sendy.　　　　私たちのネコ（f.）はセンディという名前です．

5. Ich schenke _____ Sohn dieses Buch.
   私は彼の息子にこの本を贈ります．

Schaufenster

3 否定文，nicht と否定冠詞 kein

1）肯定の文に否定詞 nicht を挿入して，否定文にすることができます．

CD-18

Hans ist groß. → Hans ist nicht groß. ハンスは大きい → 大きくない．
Anna fährt nach Köln. → Anna fährt nicht nach Köln. アンナはケルンに行く → 行かない．

否定詞 nicht の位置によって，全文否定と部分否定の違いを表現できることもあります．

Er kommt heute. → Er kommt heute nicht. 彼は今日来ない（全文否定）
→ Er kommt nicht heute, sondern morgen.
彼は今日ではなく，明日来る（部分否定）

nicht の位置は，全文否定では文末，部分否定では否定する対象（この例では heute）の前が原則ですが，述語形容詞や方向を表す句（上の例の groß や nach Köln）の後ろに置くことはできません．また通常は文頭に置くこともありません．

2）文中に普通名詞があると，その名詞に否定冠詞 kein を付けて否定文を作ることができます．語尾変化は，所有冠詞 mein などと同じです．「不定のもの」を否定する場合に kein を使います．

・定冠詞や所有冠詞の付く名詞の否定は nicht
・無冠詞や不定冠詞の付く名詞の否定は kein が基本です．

Kaufen Sie das Auto? → Nein, ich kaufe das Auto **nicht**.
いいえ，私はその車を買いません．
→ Nein, ich kaufe **nicht** das Auto, sondern das Fahrrad.
いいえ，私はその車ではなく，その自転車を買います．
Haben Sie ein Auto? → Nein, ich habe **kein** Auto. いいえ，私は車を持っていません．
Ist das Ihr Kaffee? → Nein, das ist **nicht** mein Kaffee.
いいえ，それは私のコーヒーではありません．
Trinken Sie heute Kaffee? → Nein, ich trinke heute **keinen** Kaffee.
いいえ，今日はコーヒーを飲みません．

練習 4　下線部を否定する文に書き換え，日本語にしましょう．

1. Das ist <u>mein Vater</u>.
2. Heute habe ich <u>Zeit</u>.
3. Mein Vater trinkt <u>Kaffee</u>.
4. Der Zug fährt <u>nach Dresden</u>.
5. Er kauft <u>den Computer</u>.

3）否定疑問文の答えが否定のままならば nein，肯定では ja ではなく doch で答えます．

Hast du ein Auto? — Ja, ich habe einen VW.
君は自動車を持っているの？　　　はい，私は（一台の）フォルクスヴァーゲンを持っています．
— Nein, ich habe kein Auto.
いいえ，私は自動車を持っていません．

Hast du kein Auto? — **Nein**, ich habe kein Auto.
君は自動車を持っていないの？　　はい／いいえ，私は自動車を持っていません．
— **Doch**, ich habe einen VW.
いいえ，私は（一台の）フォルクスヴァーゲンを持っています．

練習5　ドイツ語にしましょう．

1. これは私の父です．彼は英語の先生（Englischlehrer m.）です．
2. これは私の母です．彼女は主婦（Hausfrau f.）です．
3. どのコンピュータをあなたは買いますか？
4. 今日は私はコンピュータを買いません．
5. あなたは肉（Fleisch n.）を食べないのですか？
6. この列車はベルリンに行かないのですか？

Grossmünster (Zürich)

Fiaker (Wien)

Römerberg (Frankfurt a. M.)

Lektion 5   命令形，人称代名詞

CD-20

| Sagen Sie mir das bitte noch einmal! | それを私にもう一度言ってください． |
| Hilf deiner Mutter! | 君のお母さんを手伝いなさい． |

CD-21   **1 命令形 (Imperativ)**

命令形は主語に応じて3つのパターンがあります．命令文は，命令形の動詞を文頭に，文末に感嘆符（Ausrufezeichen）を置きます．

1）規則変化動詞

不定形	（語幹）＋ en
du に対して	（語幹）＋（e）
ihr に対して	（語幹）＋ t
Sie に対して	（語幹）＋ en Sie

kommen	sagen	warten
Komm(e)!	Sag!	Warte hier!
Kommt!	Sagt!	Wartet hier!
Kommen Sie!	Sagen Sie!	Warten Sie hier!

通常 du, ihr の主語は言いません．ihr に対する命令文は主語を省略するだけです．
　　Ihr kommt heute.　君たちは今日来る．　→　Kommt heute!　（君たち）今日来なさい！

Sie に対する命令（依頼）は動詞を文頭に置きます．
　　Sie warten hier.　あなたはここで待っている．　→　Warten Sie hier!　（あなた）ここで待ちなさい！

Sie に対する疑問文と同じ語順ですが，イントネーション（抑揚）が異なります．
　　疑問文　Warten Sie hier? ↗　　　　命令文　Warten Sie hier! ↘

mal や bitte を入れると，命令の意味を和らげることができます．
　　Komm mal!　　　ちょっと来て．　　　Wartet mal hier!　ここで待っててね．
　　Warten Sie bitte hier!　どうかここでお待ち下さい．

練習 1　次の文から du, ihr, Sie に対する命令文を作りましょう．

　　　　　　　　　　　　　　　　　　　　　du　　　　　　ihr　　　　　　Sie

1. Du lernst Deutsch.　→

2. Ihr trinkt Milch.　→

3. Sie schreiben hier das Wort.　→
　　　　　書く　　　　　　　言葉

2）不規則変化動詞

不規則変化動詞のうち，幹母音の e が変化する動詞は，du に対する命令形でも変化するので注意．

sprechen： du spr**i**chst → Spr**i**ch nicht so laut!　　そんなに大きな声を出さないで．
lesen： 　du l**ie**st 　→ L**ie**s das Buch!　　　　　その本を読みなさい．

不定形	sprechen	sehen	sein*
du に対して	Spr**i**ch!	S**ieh**!	**Sei** ruhig!
ihr に対して	Sprecht!	Seht!	Seid ruhig!
Sie に対して	Sprechen Sie!	Sehen Sie!	**Seien** Sie ruhig!

＊sein は例外

ただし fahren など，幹母音が a → ä と変化する不規則動詞の場合には，命令形でも変音しません．

fahren： 　du fährst 　→ Fahr langsam!　　ゆっくり運転しなさい．

練習 2　次の文から du, ihr, Sie に対する命令文を作りましょう．

　　　　　　　　　　　　　　du　　　　　　　ihr　　　　　　　Sie

1. Du liest den Text laut.　→
　　　　　声を出して
2. Ihr esst nicht so viel.　→
　　　　　そんなにたくさん
3. Sie schlafen gut.　→

2 人称代名詞 (Personalpronomen)

Lektion 1 では主語として使う1格の人称代名詞を学習しました．それ以外の格の人称代名詞です．

	単数				複数			敬称2人称は文中でも最初の文字を大文字で書きます．
	1人称	2人称	3人称		1人称	2人称	3人称	
1格	ich	du	er	sie	es	wir	ihr	sie	Sie
2格*	meiner	deiner	seiner	ihrer	seiner	unser	euer	ihrer	Ihrer
3格	mir	dir	ihm	ihr	ihm	uns	euch	ihnen	Ihnen
4格	mich	dich	ihn	sie	es	uns	euch	sie	Sie

＊人称代名詞の2格は所有の意味ではなく，2格支配の前置詞や動詞などの場合に使われますが，古風な表現で，現代語ではほとんど出てきません．

3人称の人称代名詞は人以外の事物を指す場合もあり，英語のように人と物の区別ではなく，名詞の性・数に応じた形を使います．

Wo ist *dein Rucksack*?　　*Er* ist weg.　　君のリュックサックはどこ？　それはなくなった．
Ich habe *eine Tasche*.　　*Sie* ist neu.　　バッグをひとつ持っています．それは新しいです．

練習3
カッコの中に「君」「彼」「彼女」「あなた」などの人称代名詞を適切な格にして入れて，日本語にしましょう．

1. Ich liebe (　　　). Du liebst (　　　).
2. Ich gebe (　　　) dieses Buch.
3. Schreibst du (　　　) eine E-Mail?
4. Taro fragt (　　　).　　fragen（尋ねる）は「誰々に」が４格になります．
5. Ich helfe (　　　).　　helfen（助ける）は，「誰々を」が３格になります．

ぷらす

CD-24　★３格と４格の語順

文の中で，代名詞，名詞がいくつも現れた場合，その並べ方が問題になります．

1) 名詞の３格と４格とでは，通常，３格＋４格の順番になります．

    Ich gebe Ihrem Freund dieses Buch.　　　　あなたの友人にこの本をあげます．

2) 人称代名詞の３格と４格とでは，通常，４格＋３格の順番になります．

    Ich gebe es ihm.　　　　　　　　　　　　それを彼にあげます．

3) 人称代名詞と名詞とでは，通常，人称代名詞＋名詞の順番になります．

    Ich gebe ihm dieses Buch.　　　　　　　　彼にこの本をあげます．

    Ich gebe es Ihrem Freund.　　　　　　　　それをあなたの友人にあげます．

3　疑問代名詞の格変化

疑問詞のうち，wer と was は，人称代名詞と同じように，格変化があります．

意味	誰？	何？
１格	wer	was
２格	wessen	-
３格	wem	-
４格	wen	was

練習4　日本語にしましょう．

CD-25
1. Was ist das? — Das ist eine Brezel.
2. Wer ist das? — Das ist Herr Weiß.
3. Wem schenkst du dieses Buch? — Ich schenke es ihr.
4. Wen liebt Heidi? — Sie liebt Peter.

練習 5　ドイツ語にしましょう．

1. もう一度（noch einmal）言ってくださいね．（du に対して）
2. どうか，ゆっくり（langsam）話してください．（Sie に対して）
3. ここに（hier）署名をして（unterschreiben）ください．（Sie に対して）
4. それを私にちょっと見せてね！（zeigen）（du に対して）
5. 誰に手紙（Brief m.）を書いているのですか．（Sie を主語に）
6. 私はそれ（「手紙」を人称代名詞に）を，私の男友達に書いています．

練習 6　読んでみましょう．

Hänsel und Gretel wohnen bei der Hexe. Gretel macht alles allein.

Hexe: Gretel, bring *mir* die Zeitung! Koch schnell Kaffee! Hol Brötchen! Und deck endlich den Tisch! Gib dem Hund Futter! Putz alle Fenster! Mach das Bett!

Gretel: Ja, gleich! Aber ich weiß nicht mehr alles. Sagen Sie das bitte noch einmal!

（bei der Hexe の上に「〜のところに」と注記）

Frühstück

ぷらす

★ 「〜しましょう」

wir を主語にして，動詞を文頭に置くと，「〜しましょう」という表現になります．

Warten wir hier!	ここで待ちましょう．
Schenken wir Frau Wolf diese Rosen!	ヴォルフさんにこのバラを贈ろう．
Gehen wir zusammen!	一緒に行きましょう．

Lektion 6　前置詞

CD-28

In den Sommerferien fahren wir mit dem Zug nach Berlin.
　　夏休みに，私たちは列車でベルリンに行きます．

Am Wochenende gehe ich mit ihm ins Kino.　　週末，私は彼と一緒に映画に行きます．

 1 前置詞 (Präpositionen) の格支配

　前置詞は名詞の前に置かれます．後ろに来る名詞が何格になるのか決まっています．これを前置詞の「格支配」と言います．上の例の mit は3格支配の前置詞で，後ろの名詞・代名詞は3格になります．
　前置詞は格支配により，4つのグループに分かれます．1) 2格支配，2) 3格支配，3) 4格支配，4) 3・4格支配（意味によって3格と4格を使い分け）．
　ここで紹介する意味は代表的なものだけですので，正確な理解には辞書が不可欠です．

 2 2格支配の前置詞（後ろの名詞が2格）

---

statt 〜の代わりに　　trotz 〜にもかかわらず　　während 〜の間ずっと

wegen 〜のために，〜のせいで（原因・理由）

---

statt meines Freundes　　　　私の友人の代わりに
während der Sommerferien　　夏休み（pl.）の間ずっと
wegen des Regens　　　　　　雨（m.）のせいで

 3 3格支配の前置詞（後ろの名詞が3格）

---

aus 〜から　　bei 〜のそばに，〜の所に　　mit 〜と一緒に，〜で（手段・方法）

nach 〜の後で，〜（地名）へ　　seit 〜以来　　von 〜から，〜の　　zu 〜へ

CD-29

Ich hole Milch und Käse **aus** dem Kühlschrank.　　私は冷蔵庫（m.）から牛乳とチーズを出す．
Der Student kommt **aus** Eisenach.　　　　　　　　その学生はアイゼナハ（地名）の出身です．
Ich wohne **bei** meinen Eltern.　　　　　　　　　　私は両親（pl.）の所に住んでいる．
Kommen Sie **nach** der Prüfung **zu** mir!　　　　　試験（f.）の後，私の所へ来て下さい！
Wir lernen **seit** April Deutsch.　　　　　　　　　4月から，私たちはドイツ語を習っています．

4　4格支配の前置詞（後ろの名詞が4格）

| bis ～まで　　durch ～を通って　　für ～のために（目的・意図）　　gegen ～に逆らって |
| ohne ～なしに　　um ～の周りに，～時に |

Eine Katze läuft **durch** den Garten.　　　　猫が庭（m.）を通って行く．
Meine Mutter tut viel **für** ihre Gesundheit.　私の母は，健康（f.）のためにたくさんのことをする．
Ich trinke Kaffee **ohne** Milch.　　　　　　　わたしはコーヒーをミルク（f.）なしで飲みます．
Der Unterricht beginnt **um** 9 Uhr.　　　　　授業は9時に始まります．

練習 1　カッコの中の冠詞類・代名詞を適切な形に直し，日本語にしましょう．

1. Kommen Sie morgen zu (*wir*　　　)!
2. Das ist für (*du*　　　)! ── Für (*ich*　　　)? Oh, danke!
3. Frau Schmidt kommt gerade aus (*das*　　　) Haus.
4. Kommst du mit (*ich*　　　) nach Berlin?
5. Wohin fährst du mit (*der*　　　) Bus?
6. Wohnst du bei (*deine*　　　) Tante?
7. Die Erde kreist um (*die*　　　) Sonne.

5　3・4格支配の前置詞（後ろの名詞が3格＝場所，4格＝移動・方向）

| an ～の側　　auf ～の上　　hinter ～の後ろ　　in ～の中　　neben ～の横 |
| über ～の上方　　unter ～の下　　vor ～の前　　zwischen ～の間 |

場所（3格）：in **der** Stadt (wohnen, kaufen, arbeiten)　　町の中に，で（住む，買う，働く）
方向（4格）：in **die** Stadt (gehen, fahren, kommen)　　　町の中へ（歩いて行く，乗物で行く，来る）

Wo bist du? ── Ich bin in **der** Mensa.　　　どこにいるの？　学食にいる．
Wohin gehst du jetzt? ── Ich gehe in **die** Mensa.　これからどこへ行くの？　学食に行く．

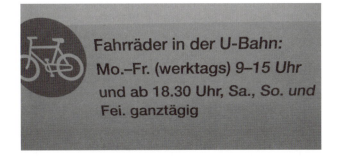
Fahrräder in der U-Bahn:
Mo.–Fr. (werktags) 9–15 Uhr
und ab 18.30 Uhr, Sa., So. und
Fei. ganztägig

練習 2　カッコの中に定冠詞を入れて，日本語にしましょう．

1. Die Mutter legt das Baby in (　　) Bett.
2. Das Baby schläft in (　　) Bett.
3. Ich hänge das Bild an (　　) Wand.
4. Das Bild hängt an (　　) Wand.
5. Unser Sohn geht jeden Morgen um 7 Uhr in (　　) Schule.
6. Der Vater stellt eine Weinflasche auf (　　) Tisch.
7. Die Flasche steht auf (　　) Tisch.
8. Vor (　　) Hotel steht schon unser Bus.

6 前置詞と定冠詞の融合

定冠詞の指示する度合いが弱い場合，定冠詞と前置詞が融合する場合があります．

am < an dem	ans < an das	im < in dem	ins < in das
vom < von dem	zur < zu der	zum < zu dem	

CD-32　**Am** Montag gehe ich **zur** Post.　　　月曜日（m.）に私は郵便局（f.）へ行きます．

　　　Am Wochenende arbeitet er **im** Supermarkt.　週末（n.）に彼はスーパー（m.）で働きます．

CD-33　練習 3　日本語にしましょう．

1. Peter geht **ins** Kino und Petra (geht) **ins** Konzert.
2. Ich fahre mit dem Taxi **zum** Bahnhof.
3. **Vom** Bahnhof bis **zur** Universität braucht man* fünfzehn Minuten zu Fuß.
　　　　　　　　　　　　　　　　　　　　　*一般的な人を示す不定代名詞　　歩いて

ぷらす

・前置詞の後ろに人称代名詞が置かれる場合，人間ならば人称代名詞をそのまま使いますが，事物の場合には da で示して，前置詞と融合させます．

CD-34　　　da + mit = damit　　　da + für = dafür　　　da + zu = dazu　　など．

　　　Ich habe **einen Freund**. Ich fahre **mit ihm** nach Kyoto.　彼（＝友達）と京都に行きます．

　　　Ich habe **einen VW**. Ich fahre **damit** nach Kyoto.　それ（＝ VW）で京都に行きます．

・母音で始まる前置詞の場合には dar- となります．

　　　da + an = daran　　　da+ auf = darauf　　　da + in = darin　　　da + über = darüber　　など

　　　Am Fenster steht ein Tisch. **Darauf** liegt ein Wörterbuch.
　　　　　　　　　　　　　　　　　　窓辺に机があります．その上に一冊の辞書があります．

わかるかな？

1) Ein Ritter ohne Pferd läuft Schritt für Schritt gegen den Wind durch den Wald.
2) „Für Elise" ist ein Klavierstück von Ludwig van Beethoven aus dem Jahre 1810.

練習 4　ドイツ語にしましょう．

1. 授業の後，私は学食に行きます．
2. 私はレストラン（Restaurant n.）で働いています．
3. 夕方（am Abend），私たちはレストランに行きます．
4. 君はしばしば（oft）君の女友達（Freundin f.）と一緒に映画に行きますか？
5. 8月に（im August）私たちはドイツへ飛びます．（fliegen）．

練習 5　読んでみましょう．

Wittenberg ist die Stadt der Reformation. Die Stadt ist sehr schön. Während der Sommerferien wohnen viele Studenten aus Japan bei Gastfamilien. Das Leben in einer Familie ist sehr interessant.

Die Studenten lernen in der Universität Deutsch. Sie fahren jeden Tag (毎日) mit dem Fahrrad zur Universität. Das macht viel Spaß. Denn es ist im Sommer nicht so heiß in Deutschland.

Wittenberg　UNESCO-Weltkulturerbe (Welt ＋ Kultur ＋ Erbe)

ぷらす

★熟語としての前置詞

特定の前置詞に結びつく動詞や形容詞などが数多くあります．熟語を示す際には動詞が最後に置かれますので，辞書を調べる際に注意しましょう．

auf ＋ 4格　warten	: Er **wartet auf** seine Frau.　彼は彼の妻を待つ．
人⁴　nach ＋ 3格　fragen	: Sie **fragt** den Polizisten **nach** dem Weg. 彼女はその警察官に道を尋ねる．
人⁴　um ＋ 4格　bitten	: Ich **bitte** Sie **um** Hilfe.　私はあなたに助力をお願いする．
mit ＋ 3格　zufrieden sein	: Sind Sie **mit** dem Essen **zufrieden**? お食事に満足なさっていますか？
nach Hause kommen / gehen	: Wann **kommst** du **nach Hause**?　いつ家に帰って来るの？
zu Hause sein	: Am Sonntag **bin** ich **zu Hause**.　日曜は家にいます．

Lektion 7 話法の助動詞，未来形

CD-37

Ich will in Wittenberg Deutsch lernen.　　私はヴィッテンベルクでドイツ語を学びたいです．
Wohin möchten Sie fahren?　　どこへ行きたいですか？

1 話法の助動詞 (Modalverben)

話法の助動詞の人称変化は，主語が単数の時に，sollen 以外は幹母音が変化します．
単数1人称と3人称が同形で，語尾がありません．

	できる (能力・可能)	してもよい (許可，否定 なら禁止)	だろう (推量)	ねばならない (義務・必然)	すべき (主語以外 の意志)	したい (主語の意 志)	したい* (願望)
	können	dürfen	mögen	müssen	sollen	wollen	möchte
ich	**kann**	**darf**	**mag**	**muss**	**soll**	**will**	möchte
du	**kannst**	**darfst**	**magst**	**musst**	**sollst**	**willst**	möchtest
er	**kann**	**darf**	**mag**	**muss**	**soll**	**will**	möchte
wir	können	dürfen	mögen	müssen	sollen	wollen	möchten
ihr	könnt	dürft	mögt	müsst	sollt	wollt	möchtet
sie (Sie)	können	dürfen	mögen	müssen	sollen	wollen	möchten

＊ möchte は mögen の接続法2式→ Lektion 18（74ページ）

助動詞を主語に合わせて人称変化させ，2番目の位置に（定動詞2番目の原則→11ページ），本動詞は
不定形で文末というのが原則です．

CD-38
　　Ich **lerne** Deutsch.　　　　　　　　　私はドイツ語を学びます．
　　　　　　　└─ 不定形で文末に
　　Ich **muss** Deutsch **lernen**.　　　　　私はドイツ語を学ばねばなりません．

疑問文でも本動詞の位置（文末），形（不定形）は変わりません．
　　Du **kannst** Japanisch **sprechen**.　　　君は日本語を話せる．
　　Kannst du Japanisch **sprechen**?　　　君は日本語を話せるの？
　　Warum **kann** er so gut Deutsch **sprechen**?　彼はどうしてそんなにドイツ語を上手に話せるの？

 練習1　　上記の Ich muss Deutsch lernen. Du kannst Japanisch sprechen. の主語の人称を
　　　　　　　　変えてみましょう．

練習 2　下線部に話法の助動詞を変化させて入れ，日本語にしましょう．

1. Er _____ Deutsch lernen. (müssen)
2. Du _____ schnell zur Schule gehen. (sollen)
3. Ich _____ gut Japanisch sprechen. (können)
4. _____ Sie in Deutschland studieren? (wollen)
5. _____ ich deinen Computer benutzen? (dürfen)
6. Das Kind _____ keinen Fisch. (mögen*)

＊単独で好き嫌いを表すことができます．

話法の助動詞の用法・ニュアンスは様々で，前のページの表に挙げた意味も代表的なものだけです．辞書に書かれている最初の日本語訳を写すだけではなく，例文・句例などもチェックしましょう．

練習 3　日本語にしましょう．

1. Was möchten Sie trinken?
2. Hier darf man nicht parken.
3. Soll ich den Salat essen?
4. Er muss krank sein.
5. Wann soll ich zu Ihnen kommen?
6. Der Student kann* Deutsch und Englisch. ＊単独で能力を表すことができます．
7. Wollen wir zu Mittag essen?

2　未来形 (Zukunft, Futur)

未来形は werden を助動詞とし，本動詞は不定形で文末へ． → werden の変化は Lektion 3（18 ページ）

（現在形）Er **fährt** im August nach Wittenberg.
（未来形）Er **wird** im August nach Wittenberg **fahren**.
　　　　　　└─ 未来の助動詞，主語に合わせて現在人称変化　　　└─ 不定形で文末に

未来の事柄を表現するだけでなく，現在の事柄の推量などにも使われます．

　　Er **wird** schon zu Hause **sein**.　　彼はもう家にいるだろう．

話し手が確実と思っている未来のことは，現在形を使うのが普通です．

練習 4　下線部に未来の助動詞を入れ，日本語にしましょう．

1. Es* ____ morgen regnen. ＊非人称の es → Lektion11（48 ページ）
2. Frau Schmidt ____ morgen um 8 Uhr im Büro sein.
3. Dieser Flug nach Frankfurt ____ 12 Stunden dauern.
4. Wann ____ du nach Dresden kommen?
5. Ich ____ diesen Sommer in Deutschland nie vergessen.

Post

練習 5　ドイツ語にしましょう．

1. 君は何を飲みたいですか．— 私はコーヒーを飲みたいです．
2. 彼女は郵便局に（zur Post）行かなければなりません．
3. 私たちは，ブレーメン（Bremen）で，音楽を学ぶつもりです．
4. 彼女は18歳です．彼女はドイツでワインを飲んでもよいですか？
5. （私は，あなたを）お手伝いできますか？（helfen 人³を手伝う）
6. 君たちは，ここでサッカーをしたいの？

練習 6　読んでみましょう．レストランでの場面です．

Kellner：Was darf es sein?　何にいたしましょうか？

Hanako：Wie bitte?　何とおっしゃったんですか？

Kellner：Was möchten Sie essen?

Hanako：Können Sie etwas empfehlen?

Kellner：Sie müssen einmal unser Schnitzel probieren.

Hanako：Dann werde ich es nehmen.

Kellner：Und zum Trinken? Möchten Sie vielleicht Wein aus dieser Gegend?

Hanako：Ich darf noch keinen Alkohol trinken. Ich bin erst 19.

Kellner：Ach so. In Deutschland darf man schon ab 16 Wein trinken.

Restaurant

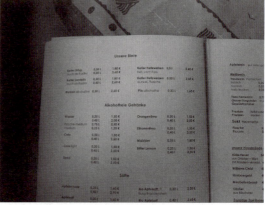
Speisekarte

ぷらす

mögen の接続法 2 式である möchte(n) は，単独でも，助動詞としても，「好み」や「要望」を表現するために使われます．

　　Was möchten Sie? — Ich möchte eine Currywurst.

wollen との違いは，möchte(n) のほうが，程度が弱い，あるいは丁寧な印象を与える点です．

　　Er will (möchte) das Fahrrad kaufen.

　　Ich möchte (will) das Hemd dort nehmen.

Lektion 8　分離動詞，非分離動詞

Um wie viel Uhr stehen Sie auf?	あなたは何時に起きますか？
Verstehen Sie Deutsch?	あなたはドイツ語が分かりますか？

1　分離動詞 (trennbare Verben)　

stehen（立っている）という「基礎動詞」の前に auf という「前つづり（Präfix）」が付いて，「立ち上がる，起床する」という意味になります．前つづりにはアクセントが付きます．辞書では auf｜stehen のように，縦線が入っています．

文中では，基礎動詞が主語に合わせて変化して所定の位置に．前つづりは分離して，文末に置かれます．

Ich **stehe** jeden Morgen um 7 Uhr **auf**.	私は毎朝7時に起きます．
Stehen Sie jeden Morgen um 7 Uhr **auf**?	あなたは毎朝7時に起きますか？
Wer **steht** jeden Morgen um 7 Uhr **auf**?	誰が毎朝7時に起きますか？

辞書を引く時には，定動詞（stehe, stehen, steht など）だけでなく，文末にある前つづり（auf）を付けた形（aufstehen）で引かなければなりません．

助動詞と共に使われる場合には，前つづりが分離せずに文末に置かれます．

Er **muss** jeden Morgen um 7 Uhr **aufstehen**.　彼は毎朝7時に起きなければなりません．

練習 1　次の分離動詞を（　）の中に入れて文を完成させ，日本語にしましょう．

基礎動詞が不規則動詞（*）の場合に気をつけましょう．

1. an｜kommen*　　………Wir (　　　　) um 10 Uhr in Berlin (　　　　).
　　到着する
2. an｜rufen*　　………Ich (　　　　) dich heute Abend (　　　　).
　　（4格に）電話をかける
3. vor｜stellen　　………Ich (　　　　) Ihnen meine Familie (　　　　).
　　紹介する
4. teil｜nehmen*　　……… (　　　　) du an dem Deutschkurs (　　　　)?
　　（an +3格に）参加する
5. ab｜fahren*　　………Wann (　　　　) der Zug nach Berlin (　　　　)?
　　出発する
6. ein｜laden*　　………Herr Schneider (　　　　) mich ins Konzert (　　　　).
　　招待する

2 非分離動詞 (untrennbare Verben)

ver- などの「前つづり」は分離しないので，「非分離の前つづり」と呼ばれます．
非分離の前つづりにはアクセントがありません．

> 非分離の前つづりは8つ： be-, emp-, ent-, er-, ge-, ver-, zer-; miss-

CD-44
　　bekommen 受け取る： Ich bekomme einen Brief.　　私は一通の手紙を受け取る．
　　besuchen　訪問する： Wir besuchen das Orgelkonzert in der Marienkirche.
　　　　　　　　　　　　　私たちはマリーエン教会のオルガンコンサートを訪れます．

CD-45　**練習 2**　（　）の中に動詞を入れ文を完成させ，日本語にしましょう．
基礎動詞が不規則動詞（*）の場合に気をつけましょう．

1. verstehen*　………Ich （　　　　） kein Wort Russisch.
   理解する
2. entschuldigen　………（　　　　） Sie bitte!　命令形→Lektion5
   許す
3. erzählen　………Die Mutter （　　　　） den Kindern ein Märchen.
   物語る
4. empfehlen*　………Der Professor （　　　　） mir dieses Buch.
   勧める
5. gehören　………Wem （　　　　） der Kugelschreiber?
   人³のものである
6. gefallen*　………Mir （　　　　） der rote Rock da sehr.
   人³が物¹・人¹を気に入る

ぷらす

分離動詞，非分離動詞の両方を持つ前つづりもあります．

CD-46
　durch-, hinter-, über-, um-, unter-, wider-, wieder- などです．

　wiederholen 繰り返す（非分離）： Bitte wiederholen Sie den Satz noch einmal!
　　　　　　　　　　　　　　　　　その文をもう一度言ってください．
　wieder | holen 取り返す（分離）： Wir holen uns den Weltmeistertitel wieder.
　　　　　　　　　　　　　　　　　私たちは世界タイトルを取り返します．

U-Bahn

練習3　日本語にしましょう．

1. Der Bus fährt pünktlich ab.
2. Was empfehlen Sie uns heute?
3. Er vergisst immer die Hausaufgaben.
4. Darf ich das Fenster aufmachen?
5. Meine Mutter kauft heute viel ein.
6. Stellen Sie uns bitte Ihre Familie vor!

練習4　ドイツ語にしましょう．初めての動詞は，分離動詞かどうか確認しましょう．

1. 私は明日（morgen）あなたに電話をします．
2. 私たちはハレ（Halle）で乗り換えます．（umsteigen）
3. その列車は 11 時にヴィッテンベルクに到着しますか？
4. あなたは何時に（wann）帰宅しますか？（zurückkommen）
5. あなたは明日何時に起きなければなりませんか？（müssen）
6. 私はあなたを食事に招待します．（zum Essen einladen）

練習5　読んでみましょう．

Heute fahren die Studenten zusammen nach Berlin. Sie fahren um 8 Uhr von Wittenberg ab. Um 9 Uhr kommen sie schon in Berlin an. Sie steigen aus. Ein Reiseführer wartet auf sie. Er erklärt ihnen die Geschichte von Berlin. →下のぷらす参照 Sie ist sehr interessant. Die Studenten sehen den Rest der Berliner Mauer. Danach（その後）essen sie gemeinsam zu Mittag. Die Studenten laden den Reiseführer zum Essen ein. Nach der Führung gehen sie schnell zum Pergamonmuseum, denn es macht schon um 18 Uhr zu.

ぷらす

分離動詞を使うと，今まで表現できなかったことが表せます．

Wir steigen in Frankfurt ein.	→	ein | steigen	乗物に乗りこむ
Wir steigen in München aus.	→	aus | steigen	乗物から降りる
Wir steigen in Heidelberg um.	→	um | steigen	乗り換える

一つの基礎動詞 steigen に，異なった前つづりを付けることで，同じ領域の異なった意味を表現できます．日本語は，同じことを表わすのに「乗る」「降りる」「（乗り）換える」という，別の動詞を必要としますが，ドイツ語は一つの動詞に，違う前つづりを付けているだけです．

Lektion 9　形容詞

CD-50

Der japanische Student singt sehr schön ein altes japanisches Volkslied.
　その日本の学生は古い日本の民謡をとても美しく歌う．

Hier trinken wir deutschen Wein und deutsches Bier.
　ここでドイツのワインとドイツのビールを飲みましょう．

CD-51

1　形容詞 (Adjektive) の述語的用法と副詞的用法

形容詞が主語の性質を示す場合，語尾を付けずに使います．
「形容詞の述語的用法」と言います．

　　Das Lied ist **schön**.　　その歌は美しい．

形容詞が動詞を修飾する場合も，語尾を付けずに使います．「形容詞の副詞的用法」と言います．

　　Er singt **schön**.　　彼は美しく歌う．

2　形容詞の付加語的用法・語尾変化

形容詞が名詞を直接に修飾する場合を「形容詞の付加語的用法」と言います．
冠詞類の有無・種類，名詞の性・数・格に応じた語尾を形容詞に付けます．辞書では，語尾を取って調べましょう．

　　Das ist ein schön**es** Lied.　　　　これは美しい歌です．
　　Er singt das schön**e** Lied „Lorelei".　彼は美しい歌「ローレライ」を歌う．

1）弱変化：定冠詞（類）＋形容詞＋名詞
　定冠詞類に続く形容詞は，男性1格・女性1格と4格・中性1格と4格の語尾が -e で，他はすべて -en です．

　　Ich trinke heute das gut**e** Bier aus Köln.

	m.	f.	n.	pl.
1格	der groß**e** Hund	die groß**e** Katze	das groß**e** Haus	die groß**en** Kinder
2格	des groß**en** Hund(e)s	der groß**en** Katze	des groß**en** Hauses	der groß**en** Kinder
3格	dem groß**en** Hund	der groß**en** Katze	dem groß**en** Haus	den groß**en** Kindern
4格	den groß**en** Hund	die groß**e** Katze	das groß**e** Haus	die groß**en** Kinder

練習 1　形容詞に語尾を付けて，1格～4格まで変化させましょう．

1. der deutsch____ Wein
2. die rot____ Rose
3. das interessant____ Buch
4. die interessant____ Bücher (pl.)

練習 2　形容詞に語尾を付けて，日本語にしましょう．

1. Was kostet der blau____ Anzug?
2. Ich nehme den blau____ Anzug.
3. Mein Onkel wohnt in diesem groß____ Haus.
4. Die klein____ Apotheke ist am Marktplatz.
5. In Wittenberg lernen die japanisch____ Studenten Deutsch.

2）混合変化：不定冠詞（類）＋形容詞＋名詞
　不定冠詞，所有冠詞，否定冠詞に続く形容詞は，男性1格の語尾が -er，中性1格と4格の語尾が -es で，その他の語尾は1）と同じです．
　Ich trinke heute ein klein**es** Bier.

	m.	f.	n.
1格	ein groß**er** Hund	eine groß**e** Katze	ein groß**es** Haus
2格	eines groß**en** Hund(e)s	einer groß**en** Katze	eines groß**en** Hauses
3格	einem groß**en** Hund	einer groß**en** Katze	einem groß**en** Haus
4格	einen groß**en** Hund	eine groß**e** Katze	ein groß**es** Haus

	pl.
1格	meine groß**en** Kinder
2格	meiner groß**en** Kinder
3格	meinen groß**en** Kindern
4格	meine groß**en** Kinder

練習 3　形容詞に語尾を付けて，1格～4格まで変化させましょう．

1. ein deutsch____ Wein
2. eine rot____ Rose
3. ein interessant____ Buch
4. seine interessant____ Bücher (pl.)

練習 4　形容詞に語尾を付けて，日本語にしましょう．

1. Unsere neu____ Wohnung ist sehr groß.
2. Das ist mein neu____ Schreibtisch.
3. Er kauft seinem klein____ Enkel ein neu____ Spielzeug.
4. Ich schreibe meinem alt____ Freund einen lang____ Brief.
5. Ein japanisch____ Reiseführer erklärt die Geschichte von Berlin.

3）強変化：（無冠詞）＋形容詞＋名詞
　冠詞類が無い場合の形容詞は，男性2格と中性2格の語尾が –en で，それ以外の格の語尾は定冠詞類と同じです．

　Ich trinke gern deutsch**es** Bier.

	m.	f.	n.	pl.
1格	kalt**er**　Kaffee	kalt**e**　Milch	kalt**es**　Bier	nett**e**　Leute
2格	kalt**en**　Kaffee**s**	kalt**er**　Milch	kalt**en**　Bier(**e**)**s**	nett**er**　Leute
3格	kalt**em**　Kaffee	kalt**er**　Milch	kalt**em**　Bier	nett**en**　Leuten
4格	kalt**en**　Kaffee	kalt**e**　Milch	kalt**es**　Bier	nett**e**　Leute

Lektion 4 定冠詞類の変化

dies**er**	dies**e**	dies**es**	dies**e**
dies**es**	dies**er**	dies**es**	dies**er**
dies**em**	dies**er**	dies**em**	dies**en**
dies**en**	dies**e**	dies**es**	dies**e**

練習5　形容詞に語尾を付けて，1格～4格まで変化させましょう．

1. deutsch___ Wein　　　2. rot___ Rose　　　3. interessant___ Buch

4. interessant___ Bücher (pl.)

練習6　形容詞に語尾を付けて，日本語にしましょう．

1. Ich trinke gern italienisch____ Wein.　　2. In Japan ist deutsch____ Bier teuer.

3. Wir hören gern klassisch____ Musik.　　4. Ich trinke gern kalt____ Wasser.

5. Jung____ Leute wohnen gern in groß____ Städten.

CD-52　**3　序数詞**

　順序を示す数詞を「序数詞」と言います．19までは基数詞の後ろに –t を付けます．数字で書く場合には，必ず後にプンクト（．）を付けます．

　1. **erst-**　2. zweit-　3. **dritt-**　4.viert-　5. fünft-　6.sechst-　7.**sieb(en)t-**　8.**acht-**
　9.neunt-　10. zehnt-　11. elft-　12. zwölft-　19. neunzehnt-　　　太字の不規則に注意．

20以上の -zig, hundert, tausend では後ろに –st を付けます．

　20. zwanzigst-　30. dreißigst-　31. einunddreißigst-

付加語形容詞と同じ格語尾変化をします．

　Gehen Sie die erst**e** Straße rechts.　　　最初の通りを右にお行きなさい．

特に日付の表現では重要です．

　Heute ist der zweit**e** August.　　　今日は8月2日です．（次ページの表1）

Er fährt am zweiten August nach Deutschland. 彼は8月2日にドイツへ行きます。（表2）
Ich bin am 21. 12. 1997* geboren. 私は1997年12月21日に生まれました。（表2）
(*am einundzwanzigst**en** zwölft**en** neunzehnhundertsiebenundneunzig)

（表1）
der
1. - 19. ～te
20.-31. ～ste

（表2）
am
1. - 19. ～ten
20.-31. ～sten

練習7　冠詞の種類と格に注意しながら語尾を付けて，日本語にしましょう．

1. Der kalt___ Winter geht und der schön___ Frühling kommt.
2. Die Kirche hat einen hoh___* Turm.　*元の形は hoch，語尾を付ける時は hoh- となります．
3. Ich kaufe ihr einen teur___** Ring.
   **dunkel, teuer などの -el, -er で終わる形容詞は，語尾が付くと語幹の -e- が省略され，dunkl-, teur- などの形になります．
4. Was für ein Auto möchten Sie? — Ich möchte einen rot___ Porsche.
   どんな

練習8　ドイツ語にしましょう．

1. 私の誕生日（Geburtstag m.）は，2月5日です．
2. その家族は一匹の白い犬と二匹の黒い猫を飼っています．（haben）
3. 彼女は一人の貧しい（arm）女性の娘（Tochter f.）です．
4. その大きな森（Wald m.）の中に一軒の小さな家があります．

わかるかな？

Familie Meier hat ein großes Haus und nimmt jeden Sommer eine japanische Studentin auf. Sie haben einen großen Garten mit einem kleinen Schwimmbad. Der Vater ist ein guter Tierarzt. Die Tochter ist auch eine gute Tierärztin. Sie arbeiten zusammen. Die Mutter ist Hausfrau. Sie kocht gerne. Im Sommer essen sie oft abends im Garten, denn um 9 Uhr ist es noch hell. Sie bleiben lange draußen und trinken deutschen Wein oder deutsches Bier.

Küche

★形容詞の名詞化

形容詞は頭文字を大文字にして名詞化できますが，語尾変化に注意が必要です．
男性・女性・複数はそういう性質の「男性」「女性」「人々」を，中性は「もの・こと」を意味します．

der Alt**e**	その老人（男）が	die Alt**e**	その老女が	die Alt**en**	その老人たちが
dem Alt**en**	その老人に	der Alt**en**	その老女に	den Alt**en**	その老人たちに
ein Alt**er**	一人の老人が	eine Alt**e**	一人の老女が	das Alt**e**	その古いものが
einem Alt**en**	一人の老人に	einer Alt**en**	一人の老女に	dem Alt**en**	その古いものに

  Ich möchte hier etwas Neues kaufen. 私はここで何か新しいものを買いたい．
  „Die Schöne und das Biest"   「美女と野獣」

★色（die Farben）の形容詞

| schwarz | weiß | rot | gelb | grün | blau | braun | grau | golden |
| 黒い | 白い | 赤い | 黄色い | 緑の | 青い | 茶色の | グレーの | 金色の |

hell (hellblau) ←→ **dunkel** (dunkelblau)
明るい   暗い

★ 曜日（全て男性名詞）

「〜曜日に」は am ＋曜日名 で表します．（am Montag 月曜日に）

Montag	月曜日	Dienstag	火曜日	Mittwoch	水曜日
Donnerstag	木曜日	Freitag	金曜日	Samstag / Sonnabend	土曜日
Sonntag	日曜日				

★ 月（全て男性名詞）

「〜月に」は im ＋月名で表します．（im Juni 6月に）

Januar	1月	Februar	2月	März	3月	April	4月
Mai	5月	Juni	6月	Juli	7月	August	8月
September	9月	Oktober	10月	November	11月	Dezember	12月

★ 季節（全て男性名詞）

「〜に」は im ＋季節名で表します．（im Sommer 夏に）

Frühling 春 Sommer 夏 Herbst 秋 Winter 冬

Lektion 10　再帰代名詞, 再帰動詞

Peter duscht sich morgens.　　ペーターは毎朝シャワーを浴びます.

Ich interessiere mich für Deutschland.　私はドイツに関心を持っています.

1　再帰代名詞 (Reflexivpronomen)

一つの文の中で, 主語と同じ人や物を示す3格, 4格の代名詞を「再帰代名詞」と言います. 動詞で表わされる動作や行為が主語自身に帰ってくることから再帰代名詞と言います.
3人称および敬称2人称では sich という形になります.

	単数					複数			敬称2人称
	1人称	2人称	3人称			1人称	2人称	3人称	
1格	ich	du	er	sie	es	wir	ihr	sie	Sie
3格	mir	dir	**sich**			uns	euch	**sich**	**sich**
4格	mich	dich	**sich**			uns	euch	**sich**	**sich**

1) 4格の再帰代名詞

動詞で表わされる行為の対象が主語以外の場合と, 主語自身の場合とを比べてみましょう.

　　Der Vater wäscht den kleinen Sohn.　　父は幼い息子（の体）を洗ってやる.
　　Er wäscht **ihn**.　　彼（＝父）は彼（＝息子の体）を洗う.
　　Er wäscht **sich**[4].　　彼は自分（の体）を洗う.
　　Ich wasche **mich**.
　　Du wäschst **dich**.

2) 3格の再帰代名詞

一般に3格は利益を受ける人を表わします

　　Der Vater wäscht dem Sohn die Hände.

動詞で表わされる動作（洗う）の対象は,（息子の）手なのですが, そのことによって利益を受けるのは「息子」なので, dem Sohn と3格になっています. このような場合「父親は息子に手を洗う」と訳すのではなく,「父親は息子の手を洗ってやる」とするのが一般的です. このような3格を, 行為の対象である「手」の所有者を3格で表わしていることから,「所有の3格」と言います.

　　Er wäscht ihm die Hände.　　彼は（別の）彼の手を洗ってやる.

主語の人が「自分の手を洗う」場合は, 3格の再帰代名詞になり, 3人称と敬称2人称では, 4格と同じ sich となります.

　　Ich wasche **mir** die Hände.　　私は自分の手を洗う.
　　Er wäscht **sich**[3] die Hände.　　彼は自分の手を洗う.

利益を受ける人が他の人の場合と，自分の場合を比べてみましょう．

  Er kauft **ihm** ein Eis.   彼はアイスを（別の）彼に買ってやる．
  Er kauft **sich**³ ein Eis.   彼はアイスを自分（のため）に買う．

再帰代名詞の位置は定動詞の直後が原則ですが，疑問文の場合は，主語が代名詞なら，定動詞→主語代名詞→再帰代名詞の順になります（Sie に対する命令文も同様）．

  Duschen sie sich jeden Tag?   彼らは毎日シャワーを浴びますか？
  Duschen sich die Kinder jeden Tag? その子どもたちは毎日シャワーを浴びますか？
  Duschen Sie sich jeden Tag!   毎日シャワーを浴びてください．

🔵 **ぷらす**

再帰代名詞は，主語が複数の場合，「お互いに」という意味で使われることもあります．
  Wir kennen uns schon lange. 私たちは（お互いに）もう長く知り合っています．

CD-57 **練習 1** それぞれの違いに注意して日本語にしましょう．

1. Der Vater legt das Baby in das Bett.

2. Der Vater legt sich in das Bett.

3. Sie stellt ihn ihren Eltern vor.

4. Er stellt sich ihren Eltern vor.

5. Das Mädchen setzt die Puppe auf den Stuhl.

6. Das Mädchen setzt sich auf den Stuhl.

7. Das Mädchen sitzt auf dem Stuhl.

Bad

CD-58 **2 再帰動詞 (reflexive Verben)**

再帰代名詞と一緒に使い，まとまった意味を表わす動詞を再帰動詞といい，辞書には 再帰 または refl. などと表記されています．再帰動詞を使った文では，前置詞と一緒に熟語的に使われることが多いので，辞書を調べる際には注意が必要です．

 他動詞： Das Geschenk freut das Kind.   そのプレゼントがその子どもを喜ばせる．
 再帰動詞：Das Kind **freut sich**⁴ *über* das Geschenk. その子どもはプレゼントを嬉しく思う．
     Das Kind **freut sich**⁴ *auf* das Geschenk. その子どもはプレゼントを楽しみにしている．

練習 2 下線部に適切な再帰代名詞を入れて，日本語にしましょう．

1. Ich interessiere _____ für klassische Musik.

2. Interessierst du _____ für Popmusik?

3. Er interessiert _____ für Rockmusik.

4. Sie erinnert _____ an den Professor.

5. Erinnert ihr _____ an die Katze?

こらむ

再帰代名詞の用法として4つに整理して考えるとよいでしょう．
1) 動詞の行為・動作が，自分自身に及ぶ，再帰的用法．sich waschen
2) 動詞の行為・動作がお互いに相手に影響を及ぼす．相互的用法．sich kennen
3) 動詞の行為・動作が自分自身に及んだ結果，他動詞を自動詞化する働きのある用法．
   sich setzen（「座らせる」→「座る」）．sich legen
4) 自分自身という意味を失った，狭い意味での再帰動詞用法．sich auskennen, sich in ～⁴ verlieben

練習3　日本語にしましょう．

1. Setzen Sie sich bitte!
2. Er kauft sich eine neue Armbanduhr.
3. Darf ich mich Ihnen vorstellen?
4. Frank beschäftigt sich mit der japanischen Literatur.
5. Ich fürchte mich vor nichts.
6. Sie kümmert sich nicht um sich.
7. Unsere Eltern wundern sich über das Geschenk.

練習4　ドイツ語にしましょう．

1. 私たちはドイツの歴史（die deutsche Geschichte）に興味があります．
2. あなたはあの親切な（nett）先生を覚えていますか．
3. すぐに（sofort）シャワーを浴びなさい！（sich duschen）（du に対して）
4. 学生たちは夏休み（die Sommerferien pl.）を楽しみにしています．
5. お父さんは娘からの（von seiner Tochter）手紙を嬉しく思います．

練習5　読んでみましょう．
ホームステイをしていた Becker 家のお母さん Maria にあてた手紙です．

Liebe Maria,

herzlichen Dank für deinen Brief! Wie geht es dir? Mir geht es sehr gut. Ich erinnere mich oft an die schöne Zeit in Wittenberg. Nun habe ich eine deutsche Freundin, wir kennen uns schon seit drei Wochen. Sie studiert auch an meiner Uni. Nach dem Unterricht unterhalten wir uns oft in einem Café. Wir sprechen auf Japanisch, aber ab und zu auch auf Deutsch.

Viele Grüße aus Japan

deine Takako

Lektion 11　接続詞，es の用法，zu 不定詞句

CD-61

Ich lerne Deutsch, weil ich in Deutschland studieren will.
　私はドイツに留学したいので，ドイツ語を学びます．

Gibt es hier in der Nähe einen Supermarkt?
　この近くにスーパーはありますか？

 1　接続詞 (Konjunktionen)

1）並列の接続詞
文と文を対等にむすびつける接続詞を「並列の接続詞」と言います．

| und そして　　oder あるいは　　aber しかし　　denn というのは |

定動詞（定形）の位置は2番目ですが，並列の接続詞は定動詞の位置に影響を与えません．
　Ich trinke Kaffee. Meine Frau trinkt Tee.
　　Ich trinke Kaffee <u>und</u> meine Frau (trinkt) Tee.（カッコ内は省略します）
　　　私はコーヒーで，妻は紅茶を飲みます．
　　<u>Aber</u> unser Sohn trinkt Apfelsaft.
　　　でも私たちの息子はリンゴジュースを飲みます．
　　Guten Morgen. Trinken Sie Kaffee <u>oder</u> (trinken Sie) Tee?（カッコ内は省略します）
　　　おはようございます．コーヒーを飲みますか，それとも紅茶ですか？

練習1　日本語にしましょう．

CD-62

1. Ich kaufe einen Bleistift, einen Radiergummi und ein Heft.

2. Ich trinke keinen Alkohol, aber meine Frau trinkt gern Bier.

3. Er kommt heute nicht, denn er hat Fieber.

練習 2　日本語にしましょう．

1. Er spricht nicht Japanisch, sondern Chinesisch.
   nicht A, sondern B：A でなくて B を
2. Er spricht nicht nur Japanisch, sondern auch Chinesisch.
   nicht nur A, sondern auch B：A だけでなく B も
3. Er spricht weder Japanisch noch Chinesisch.
   weder A noch B：A でも B でもない

２）従属接続詞と副文

従属接続詞は，構造上「主文」に従属する「副文（従属文）」を作る接続詞です．

> **als** 〜した時，　**da** 〜なので，　**damit** 〜するために，　**dass** 〜ということ，
> **ob** 〜かどうか，　**obwohl** 〜にもかかわらず，　**weil** 〜なので，　**wenn** 〜する時

Ich habe kein Geld mehr. Ich gehe jetzt zur Bank.
　　私はもうお金がない．私は今銀行に行きます．

この二つの文を従属接続詞 weil（なので）を使って，接続します．

Ich gehe jetzt zur Bank, **weil** ich kein Geld mehr **habe**.　もうお金がないので，私は今銀行に行きます．
└─── 主文 ───┘└─── 副文 ───┘

上位の文を主文と言います．副文では定動詞が文末に移動します．

副文を前に置く場合には，主文は定動詞から始まります．
　　Weil ich kein Geld mehr habe, **gehe** ich jetzt zur Bank.
　　　　①　　　　　　　　　　　　定動詞は②番目

練習 3　次の二つの文をカッコの中の接続詞でつないだ文にして，日本語にしましょう．

1. Wir gehen zusammen ins Kino. (wenn) Es regnet morgen.
2. (obwohl) Er ist krank. Er kommt zur Uni.
3. Weißt du? (dass) Johannes fährt im Sommer nach Deutschland.
4. Ich weiß nicht. (ob) Petra kommt morgen zur Party.
5. Ich weiß nicht. (wann) Er kommt morgen.
   wann などの疑問詞は従属接続詞としても使うことができます．

2 非人称の es

特定の何かを指すわけではない es です．「それ」とは訳しません．

1）天候・気候などの自然現象や時刻など

  Es regnet.   雨が降る．
  Es ist heute kalt.   今日は寒い．
  Wie spät ist es? —— Es ist jetzt zehn Uhr. 何時ですか？ —— 今 10 時です．

2）熟語として

  Wie geht es Ihnen? —— Danke, (es geht mir) gut. 調子はどうですか？ ——ありがとう．良いです．
  Ich habe es eilig.   私は急いでいます．
  Es gibt dort einen großen Park.   あそこに大きな公園があります．
      4 格になるので注意しましょう

ぷらす

es handelt sich um 〜	〜にかかわる（〜の話である）	Es handelt sich um eure Zukunft.
es geht um 〜	〜にかかわる（〜の話である）	Es geht um die Umwelt.
es kommt auf 〜 an	〜次第である	Es kommt aufs Wetter an.

3 zu 不定詞

動詞の不定詞の前に zu を置くと，「〜すること」という意味の「zu 不定詞句」になります．
動詞の目的語などは zu の前に置かれます．

     zu lernen   学ぶこと
    Deutsch **zu** lernen   ドイツ語を学ぶこと
 in Wittenberg Deutsch **zu** lernen   ヴィッテンベルクでドイツ語を学ぶこと

分離動詞の場合は，前つづりと基礎動詞の間に zu を入れて続けて書きます．

    um 6 Uhr auf**zu**stehen   6 時に起きること

非分離動詞の場合は，動詞の前に zu を置きます．

    Deutsch **zu** verstehen   ドイツ語を理解すること

Deutsch zu lernen macht Spaß.   ドイツ語を学ぶことは楽しい．
Es macht Spaß, Deutsch zu lernen.   ドイツ語を学ぶことは楽しい．
Er hat keine Zeit, Deutsch zu lernen.   彼はドイツ語を学ぶ時間がない．

練習 4　日本語にしましょう．

1. Tennis zu spielen ist mein Hobby.
2. Ich habe keine Lust, am Wochenende nach Dresden zu fahren.
3. Hast du Zeit, mit mir in der Mensa Kaffee zu trinken?
4. Ich schlage ihm vor, den Urlaub am Mittelmeer zu verbringen.

ぷらす

熟語として使う zu 不定詞句もあります．

um ～ zu...	～を...するために	Er fährt nach Deutschland, um Deutsch zu lernen.
ohne ～ zu...	～を...することなしに	Sie geht einkaufen, ohne viel Geld zu haben.

買い物に行く

練習 5　ドイツ語にしましょう．

1. 今日はいい天気です．（es, schön を使って）
2. サッカーをすることは楽しい．（zu 不定詞句を使って）
3. 今日は雨が降っているにもかかわらず，私たちはテニスをします．（obwohl を使って）
4. ドイツに行くために，私はレストランでアルバイトをしています．

練習 6　読んでみましょう

Takako: Wie geht's, Anna? Geht's dir nicht gut? Du siehst blass aus.

Anna: Mir ist kalt. Ich fürchte, ich bin krank. Hast du vielleicht Zeit, mit mir zum Arzt zu gehen? Ich weiß nicht, ob ich den Arzt verstehen kann.

Takako: Ja, heute habe ich Zeit. Ich komme gerne mit, obwohl ich sicher bin, dass du alles verstehst.

Lutherhaus (Wittenberg)

Lektion 12　比較級，最上級

CD-68

Peter ist sehr jung.　　　ペーターはとても若い．
Clara ist jünger als Peter.　クララはペーターより若い．
Heidi ist am jüngsten.　　ハイジが一番若い．

 1 比較級 (Komparativ)・最上級 (Superlativ) の語尾

形容詞の比較級は -er，最上級は -(e)st の語尾を付けて作ります．

原級	比較級	最上級
――	――**er**	――**(e)st**
klein　小さい	klein**er**	klein**st**
neu　新しい	neu**er**	neu**(e)st**
schön　美しい	schön**er**	schön**st**

幹母音が変音したり，一部のつづりが変わったり，不規則な変化もあります．

原級	比較級	最上級
alt　古い	älter	ältest
jung　若い	jünger	jüngst
groß　大きい	größer	größt
hoch　高い	höher	höchst
nahe　近い	näher	nächst
gut　良い	besser	best
viel　多い	mehr	meist

練習 1　辞書を調べ，以下の形容詞を 比較級と最上級にしましょう．

langsam　スピードが遅い，　schnell　スピードが速い，
lang　長い，　kurz　短い，　billig　値段が安い，
teuer　値段が高い

2 付加語的用法

比較級，最上級の形容詞が名詞を直接に修飾する場合，原級の形容詞と同じく，冠詞類の有無・種類，名詞の性・数・格に応じた語尾が付きます． → Lektion 9

原級	der junge Schüler	ein junger Schüler
比較級	der jüngere Schüler	ein jüngerer Schüler
最上級	der jüngste Schüler	最上級は唯一のものなので，普通は定冠詞
	sein jüngster Schüler	所有冠詞＋最上級は可

Heidi ist die jüngste Schülerin in der Klasse.　ハイジはクラスで最年少の生徒です．

練習 2　日本語にしましょう．

1. Der Junge ist der fleißigste Schüler in der Schule.
2. Mein jüngerer Bruder studiert jetzt in Bremen.
3. Berlin ist die größte Stadt in Deutschland.
4. Der höchste Funkturm in Japan heißt „Skytree".

Grundschule

3 述語的用法

1) 比較級

比較の対象を示すためには als「～よりも」を使います．

　　Peter ist älter als Frank.

　　Er ist jünger als du.

　　　　　　als の後ろに置かれる比較の対象（du）は比較の主体（er）と同格です．

同等の比較「～と同じくらい ......，～ほど .... ではない」は（nicht）so ＋ 原級 ＋ wie ～

　　Peter ist so alt wie Frank.

　　Aber Peter ist nicht so klug wie Frank.
　　　　　　　　　　　　賢い

練習 3　カッコ内の形容詞を比較級にして下線部に入れ，日本語にしましょう．

1. Mein Vater ist _____ als meine Mutter. (alt)
2. Peter ist _____ als Hans. (klein)
3. Der Student ist _____ als die Studentin. (fleißig)
4. Du bist _____ als ich. (groß)

immer ＋ 比較級：「ますます～」

  Schneewittchen wird immer schöner.　白雪姫はますます美しくなります．

je ＋比較級，desto ＋比較級：「～であればあるほど，～」

  Je mehr, desto besser.　多ければ多いほど良い．

2) 最上級

最上級の述語的用法には，定冠詞を付け，付加語形容詞と同じ語尾変化をするやり方があります．形容する対象の性・数に応じた定冠詞，格語尾を付けます．

  Max ist **der Kleinste** in der Klasse.　　マックスはクラスで最も小さい（男子）です．
  Julia ist **die Fleißigste** in der Klasse.　ユリアはクラスで最も勤勉（な女子）です．

この形式は語尾変化が非常に煩雑なので，使いやすい「**am** 最上級＋**en**」の形も学習しましょう．形容するものの性・数とかかわりなく，常に同じ形で使います．

  Max ist **am kleinsten** in der Klasse.　　マックスはクラスで最も小さい．
  Julia ist **am fleißigsten** in der Klasse.　ユリアはクラスで最も勤勉です．

「**am** 最上級＋**en**」は，同じ人，ものを，異なった条件下で比較するときにも使います．

  Kyoto ist im Winter schöner als im Sommer.　京都は夏より冬の方が美しい．
  Kyoto ist im Herbst **am schönsten**.　　　　京都は秋が最も美しい．

練習 4　下線部の形容詞を「am 最上級＋en」の形にして，日本語にしましょう．

1. Die Studentin ist vor der Prüfung <u>fleißig</u>.
2. In Tokyo ist der Monat Februar <u>kalt</u>.
3. Die Zugspitze ist in Deutschland <u>hoch</u>.

4 副詞の比較

ドイツ語の形容詞はそのままの形で副詞としても使えます．

 原級　　Der Junge singt schön.　その少年は美しく歌う．
 比較級　Der Junge singt **schöner** als der Lehrer.
 最上級　Mein Bruder singt in unserer Familie **am schönsten**.

副詞の最上級は「**am** 最上級＋**en**」の形だけです．

Großglockner

不規則な副詞もあります．gern 好んで ― **lieber** ― **am liebsten**

　　Ich trinke **gern** Tee.　　　　　　　　　　私はお茶（を飲むの）が好きです．

　　Meine Mutter trinkt **lieber** Kaffee als Tee.　　母はお茶よりもコーヒーが好きです．

　　Mein Vater trinkt **am liebsten** Bier.　　　　父はビールが一番好きです．

練習 5　ドイツ語にしましょう．

1. 私の母は私の父より若い．
2. 私の一番下の（もっとも若い）妹は心理学（Psychologie f.）を専攻しています．
3. 次の（もっとも近い）停留所（Haltestelle f.）は国立歌劇場（Staatsoper f.）です．
4. 日本で一番高い山は何という名前ですか？
5. あなたは何を飲むのが一番好きですか？

練習 6　読んでみましょう．

　Hanako ist für drei Wochen in Wittenberg.

　In Deutschland ist es im Sommer nicht so heiß wie in Japan. Das gefällt ihr am meisten. Hanako fährt manchmal mit dem Fahrrad zur Uni. Am liebsten geht sie aber zu Fuß. Sie kann noch nicht gut Deutsch und sagt im Unterricht oft: „Bitte, sprechen Sie noch langsamer!"

　Sie fährt am Samstag mit ihren Freunden nach Dresden. Die Stadt ist größer als Wittenberg. Am Sonntag fährt sie dann nach Leipzig. Leipzig ist die größte Stadt des Landes Sachsen und bekannt durch die Thomaskirche und das Bach-Museum.

わかるかな？

Der Wein ist stark,
der König ist stärker,
die Weiber noch stärker,
aber die Wahrheit am allerstärksten.

Eine Lüge ist wie ein Schneeball: je länger man ihn wälzt, desto größer wird er.

　　　　　　　　　　　　　　　　　(Martin Luther)

Lektion 13　三基本形，過去形

CD-74

In der Stadtkirche heirateten meine Eltern.　私の両親は市教会で結婚しました．
Damals war meine Mutter noch Studentin.　その時，私の母はまだ学生でした．

1　動詞の三基本形

時の表し方（時制）には，現在・過去・未来（→ Lektion 7）と，それぞれの完了形があります．現在と過去は，動詞の形が変化し，それ以外の形は，助動詞が必要です．

動詞の不定形，過去基本形，過去分詞を「動詞の三基本形」と言います．
語幹に特定の語尾や前つづりを付けます．

1）規則変化動詞（弱変化動詞）　過去分詞の ge- にはアクセントは付きません

不定形	過去基本形	過去分詞
――en	――te	ge――t
lernen　学ぶ	lern**te**	**ge**lern**t**
machen　する	mach**te**	**ge**mach**t**

2）不規則変化動詞（強変化動詞）―――語幹自体が変化します

不定形	過去基本形	過去分詞
――en	――	ge――en
fahren　行く	fuhr	**ge**fahr**en**
kommen　来る	kam	**ge**komm**en**
schreiben　書く	schrieb	**ge**schrieb**en**
sprechen　話す	sprach	**ge**sproch**en**
gehen　行く	ging	**ge**gang**en**
trinken　飲む	trank	**ge**trunk**en**

Hier wohnten Jacob und Wilhelm Grimm (Marburg)

3）不規則変化動詞（混合変化動詞）

不定形	過去基本形	過去分詞
――en	――te	ge――t
denken　考える	dach**te**	**ge**dacht
bringen　もたらす	brach**te**	**ge**bracht
wissen　知っている	wuss**te**	**ge**wusst
können　できる	konn**te**	**ge**konnt (können)*

*話法の助動詞の過去分詞は不定形と同じ形もあります．→ Lektion 14

4）特に重要な不規則変化動詞

不定形		過去基本形	過去分詞
sein	～である	war	gewesen
haben	持っている	hatte	gehabt
werden	～になる	wurde	geworden

教科書巻末に不規則変化の動詞の表があります．辞書などでは不規則動詞の右上には*印が付いています．

練習 1　次の動詞の三基本形を調べましょう．

spielen　　arbeiten　　stehen*　　steigen*　　kennen*

2　分離動詞その他の動詞の特別な規則 ←辞書を引く場合に重要！

1）**分離動詞**　過去基本形は分離した形で挙げます．過去分詞の ge- は前つづりの後ろで，一語として書きます．

不定形		過去基本形	過去分詞
auf|machen	開ける	machte ... auf	auf**ge**macht
an|kommen	到着する	kam ... an	an**ge**kommen

基礎動詞の変化は
kommen – kam – gekommen

2）**非分離動詞**　過去分詞に ge- が付きません．

不定形		過去基本形	過去分詞
besuchen	訪問する	besuchte	besucht
verstehen	理解する	verstand	verstanden

基礎動詞の変化は
stehen – stand – gestanden

3）**-ieren**　過去分詞に ge- が付きません．

不定形		過去基本形	過去分詞
studieren	大学で勉強する	studierte	studiert
reparieren	修理する	reparierte	repariert

練習 2　表を埋めましょう．意味も確認しましょう．

不定形	過去基本形	過去分詞	意味
aufstehen			
	fuhr ... ab		
bekommen			
		verkauft	

3 過去形 (Vergangenheit, Präteritum)

過去形は，物語や小説などで「客観的」に過去の出来事を表現する時制です．
過去形の人称変化は，過去基本形に次の語尾を付けます．

過去人称変化

	単数	複数
1人称	ich ——	wir ——(e)n
2人称	du ——st	ihr ——t
	Sie ——(e)n	
3人称	er ——	sie ——(e)n

敬称2人称は3人称複数と同じ語尾です．

単数1人称と3人称に語尾がない他は，現在形の人称変化語尾とほとんど同じです．また Lektion 7 で学んだ「話法の助動詞」と全く同じ変化です．

過去基本形が –e で終わる動詞

	単数	複数
1人称	ich lernte	wir lernten
2人称	du lerntest	ihr lerntet
	Sie lernten	
3人称	er lernte	sie lernten

過去基本形が –e 以外で終わる動詞

	単数	複数
1人称	ich kam	wir kamen
2人称	du kamst	ihr kamt
	Sie kamen	
3人称	er kam	sie kamen

Müllsack

練習 3 カッコの中の動詞を過去形にして下線部に入れて，日本語にしましょう．

1. Wo _____ du gestern？（sein）
2. Gestern _____ ich in einem neuen Restaurant. (sein)
3. Ich _____ sofort nach Hause gehen. (müssen)
4. In München _____ wir jeden Abend Bier. (trinken)
5. Er _____ Arzt und _____ nach Berlin. (werden, gehen)
6. Die Frau _____ mich nach dem Weg zum Schloss. (fragen)

練習 4　日本語にしましょう．

1. In Wittenberg besuchte ich am Sonntag die Stadtkirche.
2. Meine Freundin hatte leider keine Zeit, mit uns nach Dresden zu fahren.
3. Damals konnte sie kein Wort Japanisch.
4. Vor einer Woche waren wir noch in Wittenberg.
5. Martin Luther übersetzte die Bibel ins Deutsche.

練習 5　ドイツ語にしましょう．

1. 子どもの時（als Kind...），私はドイツに住んでいました．
2. 私はドイツ語を一生懸命に（fleißig）勉強しなくてはならなかった．
3. あの頃（damals），私たちは毎日英語の授業がありました（haben）．
4. 私の父が私の母と知り合った（kennen|lernen）時は，彼女（母）はまだブレーメン（の大学）で学んでいました（studieren）．
5. その先生（女）は，ドアを開けました（auf|machen）

練習 6　読んでみましょう．

　Es waren einmal Hänsel und Gretel. Sie lebten an einem großen Wald. Ihre Eltern hatten kein Essen mehr. Eines Tages gingen sie alle zusammen in den Wald. Die Eltern ließen die Kinder im Wald zurück. Hänsel und Gretel gingen tief in den Wald und kamen zu einem Hexenhaus. Die Hexe wollte Hänsel essen. Aber Hänsel wurde nicht dick. Die Hexe wurde ungeduldig und wollte ihn trotzdem essen. Aber Gretel tötete die Hexe. Sie nahmen den Schatz der Hexe nach Hause mit. Der Vater freute sich sehr darüber.

Frauenkirche (Dresden)

Lektion 14 現在完了形，過去完了形

CD-77

> Gestern bin ich mit dem Zug nach Berlin gefahren.
> 　　私は昨日列車でベルリンへ行きました．
>
> In Berlin habe ich das Pergamonmuseum besucht.
> 　　ベルリンでペルガモン博物館を訪れました．

 1 現在完了形（Perfekt 1）

　過去形は，物語や小説などで過去の出来事を「客観的」に表現する時制でした．それに対して，現在完了形は，現在の立場から「主観的に」過去の出来事を表現する時制です．従って，日常会話で過去の出来事を表現するときには現在完了形を使うのが普通です．
　ただし，sein, haben, werden や話法の助動詞などは，日常会話でも過去形を使うのが一般的です．

　現在完了形は完了の助動詞として haben もしくは sein を使います．助動詞が主語に応じて現在人称変化し，所定の位置に，本動詞（過去分詞）は文末に置きます．疑問文でも，本動詞の位置（文末）は変わりません．

1）ほとんどの動詞は haben を助動詞として完了形を作ります「haben 支配」．辞書では (h) 等と表示があります．他動詞，再帰動詞，話法の助動詞などは，全て haben 支配です．

CD-78
　　Ich trinke heute Kaffee.　　　　　　　今日はコーヒーを飲みます．
　　　　　　　　　　　　　　　　過去分詞にして文末に
　　Ich **habe** heute schon Kaffee **getrunken**.　今日はもうコーヒーを飲みました．
　　　　完了の助動詞（haben）は主語に合わせて現在人称変化

　　Hast du heute schon Kaffee **getrunken**?　今日はもうコーヒーを飲んだ？
　　Was **haben** Sie gestern **getrunken**?　昨日は何を飲んだのですか？
　　　　　英語と違い gestern（昨日）などの過去の副詞と一緒に使うことができます．

　従属接続詞を使った文（副文）の中では，定動詞の位置は文末ですから，本動詞（過去分詞）より後ろに完了の助動詞を置きます．

　　Ich weiß, dass ihr gestern viel **getrunken habt**.
　　　　君たちが昨日たくさん飲んだことは知っている．

練習1　habenを助動詞として現在完了形にし，日本語にしましょう．

1. Ich _____ zwei Stunden Deutsch _____ . (lernen)
2. Was _____ Sie am Wochenende _____ . (lesen*)
3. Meine Mutter _____ heute Nacht nicht gut _____ . (schlafen*)
4. _____ du das Museum _____ ? (besuchen)
5. Der Vater _____ sich auf den Stuhl _____ . (setzen)

2）自動詞のうち，次のものは完了の助動詞としてseinを使います「sein支配」．
　辞書では（s）等と表示してあります．

　　1)「場所の移動」を表す自動詞：kommen*, fahren*, gehen*, fallen*, fliegen*など

　　2)「状態の変化」を表す自動詞：werden*, sterben*, passieren など

　　3)「その他」：sein*, bleiben*

　Ich fahre heute nach Berlin.　　　　　今日，ベルリンへ行きます．
　　　　　　　　　　　　　　　　過去分詞にして文末に

　Ich **bin** gestern nach Berlin **gefahren**.　　昨日，ベルリンへ行きました．
　　　　　　完了の助動詞（sein）は，主語に合わせて現在人称変化

　Sind Sie gestern nach Berlin **gefahren**?

　　Wann **sind** Sie nach Berlin **gefahren**?　　いつベルリンへ行ったのですか？

上記に準じる分離動詞や非分離動詞もsein支配となる場合があります．辞書の表記に注意．
　　abfahren*（出発する），aufstehen*（起きる），einschlafen*（眠り込む），vergehen*（過ぎ去る）など．

　　Der Zug **ist** schon **abgefahren**.　　　　列車はもう出発してしまいました．

　　Die Kinder **sind** schon **eingeschlafen**.　子どもたちはもう眠ってしまいました．

練習2　seinを助動詞として現在完了形にし，日本語にしましょう．

1. Wir _____ am Sonntag in die Kirche _____ . (gehen*)
2. Ich _____ in Berlin _____ . (sein*)
3. An der Ecke _____ ein Verkehrsunfall _____ . (passieren)
4. Unser Zug _____ um 10 Uhr in Berlin _____ . (an|kommen*)
5. Die Eltern _____ um 5 Uhr _____ . (auf|stehen*)

ぷらす

話法の助動詞を用いた文で，「過去の出来事」を表現する場合，過去形で良いのですが，完了形にしたい場合，話法の助動詞を過去分詞として文末に置きます．この時，別に本動詞の不定形があるときは，ge—t の形ではなく不定形を過去分詞として使います．

Ich muss Deutsch lernen.　　　　私はドイツ語を習わなければならない．

　　　　　　　　　　　　　　過去分詞で文末に置く。lernen があるので，gemusst ではなく müssen

Ich **habe** Deutsch lernen **müssen**.　私はドイツ語を習わなければならなかった．

Ich muss nach Hause.　　　　　私は家に帰らなければならない．

　　　　　　　　　　　　　　助動詞だけなので gemusst

Ich **habe** nach Hause **gemusst**.　　私は家に帰らなければならなかった．

話法の助動詞を使った文では，本動詞が sein 支配でも，常に haben を助動詞として完了形を作ります．

Ich **habe** nach Hause fahren **müssen**.

2　過去完了形（Perfekt 2）

過去完了形は，過去の出来事を述べていて，それより前のことに言及するとき，つまり過去の時点ですでに完了している事を表す時制です．現在完了形と同じで本動詞は過去分詞で文末に置きます．完了の助動詞が過去人称変化します．

Er schenk**te** mir gestern ein Buch, aber ich **hatte** das Buch schon **gelesen**.
　昨日，彼は私に本を一冊プレゼントしてくれたが，私はもう読んでしまっていた．

Der Unterricht **hatte** schon **begonnen**, als ich das Klassenzimmer **betrat**.
　私が教室に入った時には，すでに授業が始まっていた．

CD-79　練習 3　日本語にしましょう．

1. Als wir im Bahnhof ankamen, war der Zug schon abgefahren.
2. Ich war sehr müde, weil ich sehr lange gearbeitet hatte.
3. Nachdem sie das Abitur gemacht hatte, hat sie in München studiert.

練習 4　ドイツ語にしましょう．（現在完了形で）

1. 私は6年間（sechs Jahre）英語を勉強しました．
2. 彼らは彼らのホストファミリー（Gastfamilie f.）を食事に招待しました．
3. 君は週末に（am Wochenende）何をしましたか？（machen）
4. 私たちはエルベ川沿いを（an der Elbe entlang）散歩しました（spazieren gehen*）．
5. 学生たちは真夜中に（mitten in der Nacht）帰宅した．（nach Hause kommen*）
6. あなたは全て（alles）わかりましたか？（verstehen*）

 練習5　読んでみましょう．

グレーテルが語っています．

　Hänsel und ich haben an einem großen Wald gewohnt. Unsere Eltern haben kein Essen mehr gehabt. Eines Tages sind wir mit unseren Eltern zusammen in den Wald gegangen. Unsere Eltern haben uns im Wald zurückgelassen. Wir sind tief in den Wald gegangen und zu einem Hexenhaus gekommen. Die Hexe hat Hänsel essen wollen. Aber er ist nicht dick geworden. Sie ist ungeduldig geworden und hat ihn trotzdem essen wollen. Aber ich habe die Hexe getötet. Wir haben den Schatz nach Hause mitgenommen. Unser Vater hat sich darüber gefreut.

話法の助動詞を使って，過去の出来事に関する，話し手の判断や推量を表すこともあります．

| Er hat Deutsch gelernt. | 彼はドイツ語を学んだ．（過去の事実） |
| Er **muss** Deutsch gelernt haben. | 彼はドイツ語を学んだに違いない．（話し手の推量） |

Haus der Geschichte Wittenberg

Lektion 15 受動文，分詞

CD-81

Weihnachten wird auch in Japan gefeiert.　クリスマスは日本でも祝われます．
Der Kuchen ist schon gebacken.　ケーキはもう焼けてます．

CD-82

1 受動文 (Passiv)

受動文には「～される」という「動作受動」と，「～されている」という「状態受動」とがあります．

動作受動の文は，werden を助動詞として，本動詞の過去分詞を文末に置きます．
受動文では，能動文での目的語4格を主語1格にします．

　　能動文　Der Schüler **fragt** den Lehrer.　　　　　　その生徒がその先生に質問します．
　　　　　　　　　　　　　　　　　　　　　　過去分詞で文末へ
　　受動文　Der Lehrer **wird** (von dem Schüler) **gefragt**.　その先生は，(その生徒から)質問されます．
　　　　　　　　　　　受動の助動詞 werden

能動文での主語1格を，受動文では von ＋3格で示します．手段・原因などは durch ＋4格で示すこともあります．

　　　　Das Dorf wird durch den Sturm zerstört.　　　村が嵐によって破壊される．
　　　　　　　　　　　　　　　　　非分離動詞なので，ge- は付きません．

練習1　werden を主語に合わせた形にして，カッコの中の動詞を使った受動文を作り，日本語にしましょう．

1. Ein neues Gebäude ＿＿＿＿ hier ＿＿＿＿ . (bauen)
2. Die Kasse ＿＿＿＿ um 10 Uhr ＿＿＿＿ . (öffnen)
3. Das Freibad ＿＿＿＿ Ende September ＿＿＿＿ . (schließen*)
   屋外プール
4. In Österreich ＿＿＿＿ Deutsch ＿＿＿＿ . (sprechen*)
5. Die 9. Sinfonie von Beethoven ＿＿＿＿ in Japan oft im Dezember ＿＿＿＿ .
   (spielen)

練習2　次の能動文を受動文にして，日本語にしましょう．

1. Meine Mutter bäckt den Kuchen.
2. Alle Schüler in Japan lesen sein Buch.
3. Viele Studenten benutzen die Bibliothek.

2 受動文の過去形と完了形

受動文の過去形は，受動の助動詞 werden が過去人称変化します．

受動文の完了形は，完了の助動詞は sein を使います．
受動の助動詞 werden の過去分詞は geworden でなく worden を使い，文末に置きます．

現在形　　　Das neue Rathaus **wird** hier gebaut.　　　新しい市庁舎がここに建てられる．

過去形　　　Das alte Rathaus **wurde** vor 10 Jahren gebaut.
　　　　　　　　　　　　　　　　　　　　　　　　　　古い市庁舎は 10 年前に建てられた．

現在完了形　Das Rathaus **ist** schon gebaut **worden**.　その市庁舎はもう建てられた．

練習 3　（　）の中の動詞を使って，受動文の過去形を作り，日本語にしましょう．

1. Die Berliner Mauer ＿＿＿＿＿ im Jahre 1961 ＿＿＿＿＿＿＿．（bauen）
2. Das Paket ＿＿＿＿＿ per Luftpost ＿＿＿＿＿＿．（schicken）
3. Dresden ＿＿＿＿＿ 1945 durch viele Bomben ＿＿＿＿＿＿．（zerstören）
4. Mein Auto ＿＿＿＿＿ gestern Nachmittag ＿＿＿＿＿＿．（reparieren）

3 状態受動

受動の結果が続いている状態，「～された状態にある・～されている」ことを示すのを「状態受動」と言います．受動の助動詞として，werden ではなく sein を使います．

Die Kasse **wird** um 9 Uhr **geöffnet**.　　　レジは 9 時に開けられる．（動作受動）

Die Mensa **ist** von 9 bis 17 Uhr **geöffnet**.　学食は 9 時から 17 時まで開いている（開けられている）．
　　　　　　　　　　　　　　　　　　　　　　　　　　　　　　　　　　　　（状態受動）

練習 4　カッコの中の動詞を使って，状態受動の文を作り，日本語にしましょう．

1. Alle Fenster ＿＿＿＿＿ immer ＿＿＿＿＿＿．（öffnen）
2. Die Tür（pl.）＿＿＿＿＿ während des Unterrichts ＿＿＿＿＿＿．（schließen*）
3. Die Tische ＿＿＿＿＿ schon ＿＿＿＿＿＿．（decken）
4. Die Rechnung ＿＿＿＿＿ noch nicht ＿＿＿＿＿＿．（bezahlen：非分離動詞）

4 分詞 (Partizip)

分詞には「現在分詞」と「過去分詞」の二種類があり，形容詞として使います．付加語の場合には形容詞の格語尾変化をします． → Lektion 9

1) 現在分詞 (Partizip Präsens)

動詞の語幹＋end の形で，「〜している」という意味になります．

  ein **schlafender** Student   ひとりの眠っている学生

  der während des Unterrichts **schlafende** Student 授業中に眠っている学生

副詞的用法もあります．述語的用法はありません．

  Ein Hund läuft **bellend** auf der Straße entlang. 一匹の犬がほえながら通りを走っている．

2) 過去分詞 (Partizip Perfekt)

他動詞の過去分詞は「〜された，〜されている」と「受動」の意味で，自動詞の過去分詞は「〜した」と「完了」の意味の形容詞として使われます．

  ein **gekochtes** Ei ゆでられた卵（ゆで卵） < kochen ゆでる：他動詞

  gebratene Kartoffeln 焼かれたジャガイモ (pl.) < braten* 焼く，いためる：他動詞

  die **vergangenen** Tage 過ぎ去った日々 < vergehen* 過ぎ去る：自動詞

CD-85 練習 5 日本語にしましょう．

1. Der rauchende Mann dort ist unser Lehrer.
2. Der verletzte Fahrer wurde ins Krankenhaus gebracht.
3. Der Rattenfänger von Hameln ging pfeifend mit den Kindern ins Gebirge.
4. Essen und Trinken sind in diesem Raum nicht gestattet.
5. Die Schuhe stehen noch ungeputzt vor der Tür.

練習 6 ドイツ語にしましょう．

1. 日本でも（auch）ビールは好んで飲まれます．（現在形）
2. 私たちの大学は1880年に創立されました．（gründen）（現在完了形）
3. 11月16日に彼の60回目の誕生日（Geburtstag m.）が祝われました．（過去形）
  →日付・序数詞は 40 ページ
4. 今日は映画館（Kino n.）が閉まっています．（現在形）

練習 7　読んでみましょう.

1873 wurde in Frankfurt der Bierpreis erhöht. Die Arbeiter waren darüber sehr verärgert. Daraufhin wurden Streiks organisiert. Ein Aufstand war so heftig, dass Soldaten eingesetzt wurden. Zehn Menschen wurden erschossen. Bei diesem Aufstand wurden 18 Menschen getötet und 40 Leute (wurden) verletzt.

（Süddeutsche Zeitung の記事を読みやすくしました.）

Frankfurt am Main

ぷらす

★現在分詞・過去分詞の名詞化（形容詞変化←付加語形容詞の語尾変化に注意）

ein Reisender / eine Reisende	一人の旅行者（男 / 女）	< reisen	旅行する（自動詞）
der/die Angestellte	サラリーマン，社員（男 / 女）	< anstellen	雇う（他動詞）
mein Verlobter / meine Verlobte	私の婚約者（男 / 女）	< verloben	婚約する（再帰動詞）

こらむ

★ドイツの成績は6段階評価

1: sehr gut　2: gut　3: befriedigend　4: ausreichend　5: mangelhaft　6: ungenügend

1から4までが合格です．befriedigend, ausreichend, ungenügend が現在分詞．

レポートなどで特に優れている場合は ausgezeichnet（過去分詞）なども使います．

Lektion 16　関係代名詞

CD-87　Der Mann, der dort Kaffee trinkt, ist ein bekannter Schriftsteller.
　　　あそこでコーヒーを飲んでいる男性は有名な作家です．

　　　Wer zuletzt lacht, lacht am besten.　最後に笑う者がもっともよく笑う．（ことわざ）

CD-88　　**1** 関係代名詞 (Relativpronomen)

１）定関係代名詞
　特定の名詞を「先行詞」とし，その名詞を文の形で修飾するために使われるのが「定関係代名詞」です．定関係代名詞には，定冠詞に類似した der, die, das…（下表）があります．（疑問詞に似た welcher もありますが，使用範囲が限られています．）

	m.	f.	n.	pl.
1格	der	die	das	die
2格	**dessen**	**deren**	**dessen**	**deren**
3格	dem	der	dem	**denen**
4格	den	die	das	die

・定関係代名詞は人と物との区別がなく，先行詞の性・数と一致します．
・定関係代名詞の格は関係文の中での役割によって決まります．
・定関係代名詞は関係文の文頭に，定動詞は関係文の文末に置きます．
・関係文は原則として，先行詞の直後に置き，主文と関係文はコンマで区切ります．

　　Der Mann ist ein bekannter Pop-Sänger.　その男性は有名なポップ歌手です．

　　Der Mann trinkt dort Kaffee.　その男性はあそこでコーヒーを飲んでいます．
　　　　　　　　　　　　　　　　　　der Mann が定関係代名詞 der となり，定動詞 trinkt は文末に
　　（1格）→ Der Mann, der dort Kaffee trinkt, ist ein bekannter Pop-Sänger.
　　　　　　　　　　　　あそこでコーヒーを飲んでいる男性は有名なポップ歌手です．

　　（2格）　Der Mann, dessen Skulptur auf dem Marktplatz steht, ist Martin Luther.
　　　　　　← Die Skulptur des Mannes steht auf dem Marktplatz.
　　　　　　　　　その銅像がマルクト広場に立っている男の人は，マルティン・ルターです．

　定関係代名詞2格（dessen ← des Mannes）は修飾する名詞（Skulptur）の前に置き，その名詞の冠詞（Die）は削除します．

（3格）　Der Mann, dem wir Blumen geschenkt haben, ist unser Lehrer.

　　　　　← Wir haben dem Mann Blumen geschenkt.
　　　　　　　　　　　　　　　　　　私たちが花をプレゼントした男の人は，私たちの先生です．

（4格）　Der Mann, den wir zum Abendessen einladen, kommt aus München.

　　　　　← Wir laden den Mann zum Abendessen ein.
　　　　　　　　　　　　　　　　　　私たちが夕食に招待する男の人は，ミュンヘンの出身です．

（前置詞）　Der Mann, mit dem ich nach Wien gefahren bin, ist Herr Wolf.
　　　　　　　　　　前置詞も一緒に関係文の文頭に

　　　　　← Ich bin mit dem Mann nach Wien gefahren.
　　　　　　　　　　　　　　　　　　私が一緒にウィーンへ行った男の人はヴォルフさんです．

練習1　下線部に適切な定関係代名詞を入れて，日本語にしましょう．

1. Ich frage den Mann, ＿＿＿＿ vor dem Kino steht.
2. Kennst du die Studentin, ＿＿＿＿ während des Unterrichts schläft?
3. Die Bücher, ＿＿＿＿ Sie bis Montag lesen müssen, liegen hier.
4. Wie teuer war die Uhr, ＿＿＿＿ Sie gestern gekauft haben?
5. Gestern habe ich die Frau wieder getroffen, ＿＿＿＿ ich in Hamburg kennengelernt hatte.
6. Der Schriftsteller, ＿＿＿＿ neuen Roman wir jetzt lesen, erhielt 1999 den Nobelpreis für Literatur.

2）不定関係代名詞

先行詞をそれ自身に含む関係代名詞を「不定関係代名詞」といいます．
　　wer 「（およそ）～する人は（誰でも）……」
　　was 「（およそ）～するもの，ことは（何でも）……」

1格	wer	was
2格	wessen	
3格	wem	
4格	wen	was

不定関係代名詞による関係文を前に置き，主文が後ろに来ます．

　　Wer in Wittenberg Deutsch gelernt hat, (der) kennt den Namen Martin Luther.
　　　ヴィッテンベルクでドイツ語を学んだ人は，マルティン・ルターの名前を知っている．

　　Was sie kocht, (das) schmeckt gut.（4格）　彼女が作るものは，おいしい．

同じ格（wer と der 等），あるいは同形（was と das 等）の場合は，省略できますが，それ以外は，主文の文頭に指示代名詞（→ 69 ページの ぷらす ）を置き，関係文を指示します．

　　Wer in Wittenberg Deutsch gelernt hat, dem schicken wir den Fragebogen.
　　　ヴィッテンベルクでドイツ語を学んだ人に，このアンケートを送ります．

was は,「不定のもの」を先行詞として用いる場合もあります．例えば alles（すべて），etwas（何か），nichts（何も～ない）などです．

  Ich esse **alles**, **was** meine Mutter gekocht hat. 私は母が料理したものを，すべて食べる．

  Er hat **nichts** gegessen, **was** ich bestellt habe. 彼は，私が注文したものを何も食べなかった．

  Das ist **das Beste**, **was** ich machen kann. それが私のできる最善のことです．

CD-90　練習2　日本語にしましょう．

1. Man kann alles, was man will.
2. Wer nicht arbeitet, soll auch nicht essen.
3. Wer A sagt, muss auch B sagen.
4. Was nicht verboten ist, das ist erlaubt.
5. Wer zuerst kommt, mahlt zuerst.

CD-91　**2 関係副詞（Relativadverben）**

関係文が，場所や時を表す場合には，前置詞＋定関係代名詞という形の他に，関係副詞 wo が使われることもあります．

  Ich fahre in **die Stadt**, ｜in der｜ ich vor zehn Jahren studiert habe.

         ｜wo｜ ich vor zehn Jahren studiert habe.
       私は10年前に大学で学んだ町へ行きます．

  Ich fahre nach Berlin, wo ich vor zehn Jahren studiert habe.
      （先行詞が固有名詞の場合は必ず関係副詞 wo を使います．）

練習3　ドイツ語にしましょう．

1. 何という名前ですか，学生たちが昨日訪れた町は？
2. どこにありますか，私が使ってよい自転車は？
3. 誰が書いたのですか，君が昨日買った本は？
4. 私の母が作るものは全て，とてもおいしい．
5. この町を訪れる人は，このケーキを試してみる（probieren）べきですよ．
6. 私たちが暮らしているこの世界には，たくさん素晴らしいもの（viel Schönes）がある．

CD-92　**わかるかな？**

 Wer aber vor der Vergangenheit die Augen verschließt, wird blind für die Gegenwart.
                （Richard von Weizsäcker）

 Alles, was in der Welt erreicht wurde, wurde aus Hoffnung getan. （Martin Luther）

Kennst du das Land, wo die Zitronen blühen?（Goethe）
Kennst Du das Land, wo die Kanonen blühn?（Kästner）

練習4　読んでみましょう．

Lehrer：Kennen Sie den Mann, dessen Skulptur auf dem Marktplatz steht?

Student：Nein, wer ist das?

L：Das ist Martin Luther.

S：Ah ja, ich kenne die Bibel. Was hat er aber in Wittenberg gemacht?

L：Er hat hier zuerst studiert, dann war er lange in der Stadtkirche als Prediger tätig. Fahren Sie auch nach Eisenach! Von dort ist es nicht weit bis zur Wartburg, wo Luther die Bibel ins Deutsche übersetzt hat. Nun gehen wir zur Schlosskirche, an deren Tür Martin Luther den Zettel mit den berühmten 95 Thesen aufgehängt hat.

S：Ja, gerne. Das war der Anfang der Reformation, nicht wahr?

L：Ja, das stimmt.

ぷらす

★指示代名詞（Demonstrativpronomen）

名詞に付けて使う場合「あの，その，この」は，定冠詞と同形で，発音する際は，少し強めに．
独立して使われる場合「あれ，それ，これ」は，下表のように変化します．

	m.	f.	n.	pl.
1格	der	die	das	die
2格	**dessen**	**deren**	**dessen**	**deren (derer)**
3格	dem	der	dem	**denen**
4格	den	die	das	die

定関係代名詞とほとんど同じ変化ですが，副文（定形文末）にはなりません．

Es war einmal ein kleines süßes Mädchen, **das** hatte jedermann lieb, der es nur ansah, am allerliebsten aber ihre Großmutter, **die** wusste gar nicht, was sie alles dem Kinde geben sollte. Einmal schenkte sie ihm ein Käppchen von rotem Samt, und weil ihm **das** so wohl stand, und es nichts anders mehr tragen wollte, hieß es nur das Rotkäppchen.　　　　　（Grimms Märchen）

Lektion 17　接続法1式

CD-95

> Hans sagt, er spreche Deutsch.　ハンスは（自分は）ドイツ語を話すと言う．
> Anna sagt, sie sei 30 Jahre alt.　アンナは（自分が）30歳だと言う．

1　話法（Modus）

　話される内容に対する話し手の立場を「話法」と言います．
これまで学んできたのは，話す内容を事実として述べる「**直説法**」（Indikativ）です．
話す内容を要望として述べる命令文も「**命令法**」（Imperativ）という話法の一つです．
「**接続法**」（Konjunktiv）は，話す内容を事実としてでなく，伝聞として伝える「1式」と，仮定などの可能性として伝える「2式」とがあります．

2　接続法1式（Konjunktiv 1）

　動詞の語幹に次の語尾を付けます．「接続法現在」と言うこともあります．

	語尾	接続法1式	現在人称変化
ich	—e	wohn**e**	wohn**e**
du	—est	wohn**est**	wohn**st**
er	—e	wohn**e**	wohn**t**
wir	—en	wohn**en**	wohn**en**
ihr	—et	wohn**et**	wohn**t**
sie（Sie）	—en	wohn**en**	wohn**en**

　直説法現在では語幹が変化する不規則変化動詞や話法の助動詞も，語幹は変わりません．

　　直説法現在：　ich fahre, du fährst, er fährt
　　接続法1式：　ich fahre, du fahrest, er fahre

	語尾	sprechen	können	haben	werden	sein
ich	—e	spreche	könne	habe	werde	**sei***
du	—est	sprechest	könnest	habest	werdest	sei(e)st
er	—e	spreche	könne	habe	werde	**sei***
wir	—en	sprechen	können	haben	werden	seien
ihr	—et	sprechet	könnet	habet	werdet	seiet
sie（Sie）	—en	sprechen	können	haben	werden	seien

*eが付きません．

練習1 　上の表の動詞を現在人称変化（＝直説法現在）と比較してみましょう．

1）引用表現：他の人の言葉を間接的に「引用する」場合に用います．

（直接引用）　　　　　　　　　　　　（間接引用）

　　Er sagt: „Ich wohne allein."　　→ Er sagt, er **wohne** allein.　 彼は一人で住んでいると言う．
　　　　　　　　　　　　　　　　　　Er sagt, dass er allein **wohne**.

人称代名詞，所有冠詞などは地の文の視点に合わせます．

　　Er sagt: „Mein Sohn ist fleißig."　→ Er sagt, sein Sohn **sei** fleißig.
　　　　　　　　　　　　　　　　　　　　　　彼は自分の息子が勤勉だと言う．

地の文が過去形でも，間接引用では時制を合わせる必要はありません．

　　Er sagte: „Mein Sohn ist fleißig."　→ Er sagte, sein Sohn **sei** fleißig.
　　　　　　　　　　　　　　　　　　　　　　彼は自分の息子が勤勉だと言った．

引用された文が現在完了形の場合は，完了の助動詞を接続法1式にします．
引用された文が過去形の場合は，完了形にしたうえで，完了の助動詞を接続法1式にします．

　　Er sagt: „Ich habe allein gewohnt."　→ Er sagt, er habe allein **gewohnt**.
　　Er sagt: „Mein Sohn war fleißig."　　→ Er sagt, sein Sohn sei fleißig **gewesen**.

引用された文が疑問文の場合，JaかNeinで答える疑問文は，従属接続詞obを使い，疑問詞のある疑問文は，その疑問詞を従属接続詞として使った副文にします．→ Lektion11

　　Er fragt sie: „Arbeitest du in Berlin?"　→ Er fragt sie, *ob* sie in Berlin **arbeite**.
　　　　　　　　　　　　　　　　　　　　　　　彼は彼女がベルリンで働いているのかどうかを尋ねる．

　　Er fragt sie: „Wo arbeitest du?"　　　 → Er fragt sie, *wo* sie **arbeite**.
　　　　　　　　　　　　　　　　　　　　　　　彼は彼女がどこで働いているのかを尋ねる．

ぷらす

引用された文が命令形の場合，sollen を使います．

　　Er sagte mir: „Warte hier!"　→ Er sagte mir, ich solle hier warten.
　　　　　　　　　　　　　　　　　　彼は私にここで待てと言った．

2）要求表現：要請，願望，祈願，命令などの場合に使います．

Man **nehme** zwei Tabletten nach dem Essen!　二錠を食後に服用すること！

Gott **schütze** dich!　　　　　　神が君を守り給え！（＝達者でな！）

Lang **lebe** der König!　　　　　国王万歳！

Seien Sie bitte mal ruhig!　　　ちょっと静かにしてください．

　　　　　　　　　　　　　　　（Sieに対する命令形として学習しましたが，本来は接続法１式の要求表現．）

練習2　次の文章を間接引用に書き換えて，日本語にしましょう．

1. Der Vater sagt: „Ich fahre morgen nach Berlin."
2. Die Mutter sagt: „Mein Sohn interessiert sich sehr für die japanische Geschichte."
3. Das Mädchen fragt mich: „Willst du nicht mehr arbeiten?"
4. Gretel sagt: „Wir sind zum Hexenhaus gegangen."

練習3　読んでみましょう．

1. Die Hexe sagt, sie wohne allein in dem Haus. Das Haus sei aus Brot und Kuchen. Hänsel und Gretel dürften* das alles essen. Sie möge Kinder und freue sich, dass die beiden gekommen seien.

    *dürfenだと，直説法と同じ形になってしまうので，接続法２式で代用します．→ 75ページ

2. Der gebürtige Österreicher versicherte nach seinem Sieg, er werde der Gouverneur aller Kalifornier sein. Er wolle neue Arbeitsplätze schaffen und sich für das Vertrauen der Wirtschaft in den hochverschuldeten Bundesstaat einsetzen.

    （シュワルツェネッガーについての記事．„Deutsche Welle" Nachrichten, 8.10.2003）

わかるかな？

Unser Vater im Himmel! Dein Name werde geheiligt. Dein Reich komme. Dein Wille geschehe auf Erden wie im Himmel. Und führe uns nicht in Versuchung, sondern erlöse uns von dem Bösen. Amen.
　　　　　　　　　　　　　　（Vaterunserより；aus dem Evangelium nach Matthäus）

Lektion 18　接続法2式

-97

> Wenn ich jung wäre, würde ich mit Ihnen auf den Berg steigen.
> 　　私が若ければ，あなたたちと一緒にその山へ登るのだけれど．
>
> Ich täte es gern, wenn ich Zeit hätte.
> 　　時間があれば，それを喜んでするのだけれど．

1　接続法2式（Konjunktiv 2）

　接続法2式は，仮定としての可能性を述べる話法です．
動詞の過去基本形を基礎とする人称変化をするので，「接続法過去」と言うこともあります．

a) 規則動詞，wollen, sollen：直説法過去形と同じ形です．
b) 不規則動詞：直説法過去形の幹母音が a, o, u の場合は変音させて，接続法の語尾を付けます．
　　ただし hatte → hätte のように，e で終わっている場合は語尾の e を重ねません．
　　　　　　　　　　　　　　　例外もありますので，巻末の不規則動詞変化表で確認しましょう．

	語尾	wohnen	sprechen*	können*	haben*	werden*	sein*
ich	⸺(¨)e	wohnte	spräche	könnte	hätte	würde	wäre
du	⸺(¨)est	wohntest	sprächest	könntest	hättest	würdest	wär(e)st
er	⸺(¨)e	wohnte	spräche	könnte	hätte	würde	wäre
wir	⸺(¨)en	wohnten	sprächen	könnten	hätten	würden	wären
ihr	⸺(¨)et	wohntet	sprächet	könntet	hättet	würdet	wär(e)t
sie (Sie)	⸺(¨)en	wohnten	sprächen	könnten	hätten	würden	wären

練習 1　上の表の動詞を直説法過去と比較してみましょう．

1) 非現実表現

事実とは異なる仮定の出来事の前提と結論を表現します．

過去形に似ていますが，現在の事実に反する仮定と結論です．

Wenn ich Zeit **hätte**, **führe** ich wieder nach Wittenberg.
　　　（前提部）　　　　　　（結論部）
　もし（今）時間があれば，再度ヴィッテンベルクに行くのに（＝実際には時間がないので行かない）

結論部は werden の接続法2式 würde ＋不定形（文末）で書き換えることができます．

Wenn ich Zeit **hätte**, **würde** ich wieder nach Wittenberg **fahren**.

過去の事実に反する仮定をする場合は，完了の形にして，完了の助動詞を接続法2式にします．

Wenn ich damals Zeit **gehabt hätte**, **wäre** ich wieder nach Wittenberg **gefahren**.
　　もしもあの時，時間があったならば，再度ヴィッテンベルクに行ったのだが．

前提部だけで願望を表すことができます．

Wenn ich doch Geld **hätte**!	お金があったらなあ！
Wenn ich Millionär **wäre**!	百万長者だったらなあ！
Wenn er besser Deutsch sprechen **könnte**.	彼がもっと上手にドイツ語をしゃべれたらなあ！

wenn を省略することができますが，動詞の語順が変わることに注意してください．

Könnte er besser Deutsch sprechen!

前提部が wenn でない場合もあります．

An deiner Stelle würde ich das nicht sagen.
　私が君の立場ならば，私はそんなことを言わないだろうに．

練習 2 カッコの中の動詞を接続法2式にして，日本語にしましょう．

1. Wenn ich viel Geld (haben), (werden) ich mir einen Porsche kaufen.
2. Was (mögen) du machen, wenn du Klavier spielen (können)?
3. Wenn ich doch früher hier gewesen (sein)!
4. Wenn ich ein Vogel (sein), (fliegen) ich zu dir!

2) 外交的表現

依頼や質問を丁寧に表現するために接続法2式を用います．

Ich **hätte** eine Frage.	質問があるのですが．
Ich **hätte** gern zwei Briefmarken.	切手を二枚ください．
Ich **möchte** gern Tee trinken.	紅茶を飲みたいです． → Lektion 7（32ページ）
Könnten Sie mir bitte helfen?	どうか私をお助け願えませんでしょうか？

練習 3　日本語にしましょう．

1. Würden Sie mir bitte sagen, wo der Bahnhof ist?
2. Ich möchte Sie morgen um 10 Uhr besuchen, wenn es Ihnen recht wäre.
3. Wie wäre es, wenn wir zusammen am Donnerstag einkaufen gehen würden?

3）引用表現

接続法1式が直説法と同じ形の場合には，間接引用でも接続法2式を用います．

Hänsel und Gretel sagen: „Wir kommen aus dem Wald."
　森から出て来たと，ヘンゼルとグレーテルは言う．
→ Hänsel und Gretel sagen, sie **kämen** aus dem Wald.

練習 4　ドイツ語にしましょう．

1. もし私が20歳なら，あなたと一緒にビールを飲めるのに．
2. もし私にお金があれば，冬にドイツに行くのに．
3. あなたは何を買いますか，もし百万長者だとしたら？
4. あなたは何を最初に（zuerst）しますか，もし大統領（Präsident m.）だとしたら？
5. マルティン・ルター無しでは（ohne Martin Luther），ヴィッテンベルクはこれほど有名（so berühmt）にならなら（werden）なかったでしょう．

練習 5　読んでみましょう．

1. Wenn die Eltern von Hänsel und Gretel viel zu essen gehabt hätten, hätten sie ihre Kinder nicht im Wald ausgesetzt. Dann hätten sie glücklich zusammen gelebt. Und Hänsel und Gretel hätten nicht die böse Hexe getroffen. Sie wären nicht mit dem Schatz der Hexe nach Hause gekommen. Aber wenn ihre Stiefmutter nicht gestorben wäre, hätten sie sicher wieder große Probleme bekommen.
2. Wenn ich wüsste, dass morgen die Welt unterginge, würde ich heute noch ein Apfelbäumchen pflanzen. (Martin Luther)

主な不規則動詞の変化表

不定形	現在人称変化	過去基本形	接続法2式	過去分詞
backen (パンなどを)焼く	du bäckst (backst) er bäckt (backt)	**backte**	backte (büke)	**gebacken**
befehlen 命じる	du befiehlst er befiehlt	**befahl**	beföhle (befähle)	**befohlen**
beginnen 始める		**begann**	begänne (begönne)	**begonnen**
bieten 提供する		**bot**	böte	**geboten**
binden 結ぶ		**band**	bände	**gebunden**
bitten 頼む		**bat**	bäte	**gebeten**
bleiben (s) とどまる		**blieb**	bliebe	**geblieben**
braten 焼く、炒める	du brätst er brät	**briet**	briete	**gebraten**
brechen 破る	du brichst er bricht	**brach**	bräche	**gebrochen**
bringen もたらす		**brachte**	brächte	**gebracht**
denken 考える		**dachte**	dächte	**gedacht**
dürfen 〜してもよい	ich darf / du darfst er darf	**durfte**	dürfte	**gedurft** (dürfen)
empfehlen 勧める	du empfiehlst er empfiehlt	**empfahl**	empföhle (empfähle)	**empfohlen**
essen 食べる	du isst er isst	**aß**	äße	**gegessen**
fahren (s h) (乗り物で)行く	du fährst er fährt	**fuhr**	führe	**gefahren**
fallen (s) 落ちる	du fällst er fällt	**fiel**	fiele	**gefallen**
fangen 捕まえる	du fängst er fängt	**fing**	finge	**gefangen**
finden 見つける		**fand**	fände	**gefunden**
fliegen (s h) 飛ぶ		**flog**	flöge	**geflogen**
frieren (h s) 凍える、寒い		**fror**	fröre	**gefroren**
gebären 産む		**gebar**	gebäre	**geboren**

(s) は完了形を作る時、sein を助動詞とする sein 支配、(s h)(h s) は意味によって両方あるもの。haben 支配のみの動詞は表記していません。

不定形	現在人称変化	過去基本形	接続法2式	過去分詞
geben 与える	du gibst er gibt	**gab**	gäbe	**gegeben**
gehen (s) 行く		**ging**	ginge	**gegangen**
gelingen (s) うまくいく	es gelingt	**gelang**	gelänge	**gelungen**
gelten 値する	du giltst er gilt	**galt**	gälte / gölte	**gegolten**
genießen 楽しむ	du / er genießt	**genoss**	genösse	**genossen**
geschehen (s) 起こる	es geschieht	**geschah**	geschähe	**geschehen**
gewinnen 得る		**gewann**	gewänne / gewönne	**gewonnen**
gießen 注ぐ	du / er gießt	**goss**	gösse	**gegossen**
greifen つかむ		**griff**	griffe	**gegriffen**
haben 持っている	du hast er hat	**hatte**	hätte	**gehabt**
halten つかんでいる	du hältst er hält	**hielt**	hielte	**gehalten**
hängen 他動詞は 掛かっている 規則変化		**hing**	hinge	**gehangen**
heißen 〜と呼ばれる		**hieß**	hieße	**geheißen**
helfen 助ける	du hilfst er hilft	**half**	hülfe (hälfe)	**geholfen**
kennen 知る		**kannte**	kennte	**gekannt**
kommen (s) 来る		**kam**	käme	**gekommen**
können 〜できる	ich kann / du kannst er kann	**konnte**	könnte	**gekonnt** (können)
laden 積む	du lädst er lädt	**lud**	lüde	**geladen**
lassen 〜させる	du lässt er lässt	**ließ**	ließe	**gelassen** (lassen)
laufen (s) 走る	du läufst er läuft	**lief**	liefe	**gelaufen**
leihen 借りる		**lieh**	liehe	**geliehen**
lesen 読む	du liest er liest	**las**	läse	**gelesen**

不定形	現在人称変化	過去基本形	接続法2式	過去分詞
liegen 横たわっている		**lag**	läge	**gelegen**
mögen 好きである、〜だろう	ich mag / du magst er mag	**mochte**	möchte	**gemocht** **(mögen)**
müssen 〜ねばならない	ich muss / du musst er muss	**musste**	müsste	**gemusst** **(müssen)**
nehmen 取る	du nimmst er nimmt	**nahm**	nähme	**genommen**
nennen 名づける		**nannte**	nennte	**genannt**
raten 助言する	du rätst er rät	**riet**	riete	**geraten**
rennen (s) 走る		**rannte**	rennte	**gerannt**
rufen 呼ぶ		**rief**	riefe	**gerufen**
schaffen 作り出す		**schuf**	schüfe	**geschaffen**
scheinen 〜に見える、輝く		**schien**	schiene	**geschienen**
schlafen 眠っている	du schläfst er schläft	**schlief**	schliefe	**geschlafen**
schlagen 打つ	du schlägst er schlägt	**schlug**	schlüge	**geschlagen**
schließen 閉じる	du/er schließt	**schloss**	schlösse	**geschlossen**
schneiden 切る		**schnitt**	schnitte	**geschnitten**
schreiben 書く		**schrieb**	schriebe	**geschrieben**
schreien 叫ぶ		**schrie** [ʃriː]	schriee [ʃriːə]	**geschrie[e]n**
schweigen 黙る		**schwieg**	schwiege	**geschwiegen**
schwimmen **(s h)** 泳ぐ		**schwamm**	schwömme (schwämme)	**geschwommen**
sehen 見る	du siehst er sieht	**sah**	sähe	**gesehen**
sein (s) 〜である	ich bin / du bist er ist	**war**	wäre	**gewesen**
senden 送る (「放送する」は規則変化)		**sandte/sendete**	sendete	**gesandt /** **gesendet**
singen 歌う		**sang**	sänge	**gesungen**

不定形	現在人称変化	過去基本形	接続法２式	過去分詞
sitzen すわっている	du / er sitzt	**saß**	säße	**gesessen**
sollen 〜すべきである	ich soll / du sollst er soll	**sollte**	sollte	**gesollt** **(sollen)**
sprechen 話す	du sprichst er spricht	**sprach**	spräche	**gesprochen**
stehen 立っている		**stand**	stünde (stände)	**gestanden**
steigen (s) 登る		**stieg**	stiege	**gestiegen**
sterben (s) 死ぬ	du stirbst er stirbt	**starb**	stürbe	**gestorben**
tragen 運ぶ	du trägst er trägt	**trug**	trüge	**getragen**
treffen 出会う	du triffst er trifft	**traf**	träfe	**getroffen**
treiben 追い立てる		**trieb**	triebe	**getrieben**
treten (h s) 歩む	du trittst er tritt	**trat**	träte	**getreten**
trinken 飲む		**trank**	tränke	**getrunken**
tun する		**tat**	täte	**getan**
vergessen 忘れる	du /er vergisst	**vergaß**	vergäße	**vergessen**
verlieren 失う		**verlor**	verlöre	**verloren**
wachsen (s) 成長する	du /er wächst	**wuchs**	wüchse	**gewachsen**
waschen 洗う	du wäschst er wäscht	**wusch**	wüsche	**gewaschen**
wenden 向ける		**wandte** **(wendete)**	wendete	**gewandt** **(gewendet)**
werben 募る、宣伝する	du wirbst er wirbt	**warb**	würbe	**geworben**
werden (s) 〜になる	du wirst er wird	**wurde**	würde	**geworden** **(worden)**
wissen 知っている	ich weiß / du weißt er weiß	**wusste**	wüsste	**gewusst**
wollen 〜したい	ich will / du willst er will	**wollte**	wollte	**gewollt** **(wollen)**
ziehen 引く		**zog**	zöge	**gezogen**

ヴィッテンベルクでドイツ語・文法（改訂版）
Ⓒ Deutsch Lernen in Wittenberg
—Ein Tor nach Deutschland— Grammatik

2015年4月1日　改訂版初版
2024年4月1日　改訂版6版　定価2,300円（税別）

著　者　　柴　田　　　隆
　　　　　寺　尾　　　格
　　　　　西　口　拓　子
発行者　　近　藤　孝　夫
印刷所　　坂　田　一　真　堂

発行所　　株式会社　同　学　社
〒112-0005　東京都文京区水道 1-10-7
電話代表（3816）7011・振替 00150-7-166920

ISBN 978-4-8102-0885-6　　Printed in Japan

許可なく複製・転載すること並びに
部分的にもコピーすることを禁じます．

最新刊 第4版

APOLLON
アポロン独和辞典

根本・恒吉・成田・福元・重竹・堺・嶋﨑 ［共編］
B6判・1864頁・箱入り・2色刷　　定価 本体 4,200円（税別）
ISBN 978-4-8102-0007-2

「時代とともに歩む」最新の学習ドイツ語辞典！
初学者にやさしく、実用に堪える充実の内容

◆ 実用に十分な5万語を収録、「旬」のドイツ語を大幅増補
◆ すぐ読める親切なカナ発音付き
◆ 学習段階に応じ見出し語を5段階表示、CEFRレベルも併記
◆ 「読む・書く・話す」を強力に支援
◆ 枠囲み例文の100例文に、韻律の立体表記を採用
◆ 上記100例文のほか「日常会話」「発音について」などにも音声を用意
◆ ドイツが見える「ミニ情報」をアポロン君とアルテミスさんの会話調に

巻末付録　和独の部 / 日常会話 / メール・手紙の書き方 / 音楽用語 / 環境用語 / 福祉用語
建築様式 / ドイツの言語・政治機構・歴史 / ヨーロッパ連合と欧州共通通貨ユーロ
発音について / 最新の正書法のポイント / 文法表 / 動詞変化表

やさしい！ドイツ語の学習辞典

根本道也　編著
B6判・770頁・箱入り・2色刷　　定価 本体 2,500円（税別）　ISBN 978-4-8102-0005-8

◇ 見出し語総数約7000語、カナ発音付き
◇ 最重要語600語は、大きな活字で色刷り
◇ 最重要語の動詞や名詞の変化形は一覧表でそのつど表示
◇ 一段組の紙面はゆったりと見やすく、目にやさしい
◇ 巻末付録：「和独」「簡単な旅行会話」「文法」「主な不規則動詞変化表」

 同学社　〒112-0005 東京都文京区水道 1-10-7
Tel 03-3816-7011　Fax 03-3816-7044　http://www.dogakusha.co.jp/